日本語能力試験必修パターンシリーズ

パターンを押さえて、解き方まるわかり

日本語能力試験 N1 文法 必修パターン

Japanese Language Proficiency Test N1 Grammar Compulsory Pattern
语能力考试 N1 语法 必修的模式
Bài kiểm tra trình độ tiếng Nhật bản N1 Văn phạm Mô hình bắt buộc

氏原庸子／岡本牧子●共著

Jリサーチ出版

はじめに

　1984年に始まった日本語能力試験も2010年には大きく改定され、日本語の知識だけでなく、実際に運用する能力も求められるようになりました。「文法」問題も、文字・語彙とともに言語知識に問題として組み入れられ、日本語の文法の力を使って課題を遂行する能力が必要とされています。

　本書は大きく4つの部分で構成され、まずPART1「基礎編」では、文法問題攻略に向け文法の総合力を高めるため、中心となる「助詞」「副詞」「接続詞」「敬語」を復習・強化。PART2「対策編」では、日本語能力試験の「問題5」「問題6」「問題7」をそれぞれ徹底分析。〈パターンに分類しながらの詳しい問題分析〉⇒〈攻略のためのポイント確認〉という流れで繰り返し練習、その中で実戦力を養います。PART 3「模擬試験」では、学習のまとめとして実力をチェックします。

　このように本書は、日本語能力試験Ｎ１文法問題に対応した構成になっていますが、上記のように文法の力を伸ばすためのさまざまな工夫もされていますので、試験対策としてだけではなく、学校での文法の授業や、自習で文法の力を身につけたい方にもお勧めできる内容となっています。

　このテキストを使うことで、日本語学習者のみなさんが、日本語能力試験に合格するだけではなく、毎日の生活で必要な言語知識としての「文法」力を少しでも伸ばすことができれば、こんなにうれしいことはありません。

氏原庸子・岡本牧子

もくじ

はじめに ･･ 2
この本の使い方 ･･････････････････････････････････ 4
「日本語能力試験Ｎ１」の構成 ･････････････････････ 6

PART1　基礎編 ･･････････････････････････ 11

第1章　文法の復習

- **UNIT 1** 助詞 ････････････････････････････････ 12
- **UNIT 2** 副詞 ････････････････････････････････ 21
- **UNIT 3** 接続詞 ･･････････････････････････････ 30
- **UNIT 4** 敬語 ････････････････････････････････ 42
- 練習問題の答え ････････････････････････････････ 52

第2章　N2・N3の復習

- **UNIT 1** 復習・1 ････････････････････････････ 56
- **UNIT 2** 復習・2 ････････････････････････････ 58
- **UNIT 3** 復習・3 ････････････････････････････ 60
- **UNIT 4** 復習・4 ････････････････････････････ 62
- **UNIT 5** 復習・5 ････････････････････････････ 64
- **UNIT 6** 復習・6 ････････････････････････････ 66
- **UNIT 7** 復習・7 ････････････････････････････ 68
- **UNIT 8** 復習・8 ････････････････････････････ 70
- **UNIT 9** 復習・9 ････････････････････････････ 72
- **UNIT 10** 復習・10 ･･････････････････････････ 74
- **UNIT 11** 復習・11 ･･････････････････････････ 76
- **UNIT 12** 復習・12 ･･････････････････････････ 78
- 練習問題の答え ････････････････････････････････ 80

PART 2　対策編　　81
第1章　対策準備　　81
UNIT 1　N1文型の整理　　82
1 時間・時期／2 立場・状況・場合／3 限定／4 例示・比喩／
5 対比／6 同時・二つの事柄／7 不変・無関係／8 強調・くり返し／
9 逆接・意外な気持ち／10 結果／11 条件・基準・方法／
12 様子・傾向／13 話題・対象／14 意志・意向／15 理由・根拠／16 目的／
17 可能・不可能／18 評価・感想／19 見方・考え方／20 ＮＧ・禁止

UNIT 2　言葉をつなぐ練習　　133
ドリルA／ドリルB／ドリルC／ドリルD／ドリルE

UNIT 3　文をつなぐ練習　　157
ドリルA／ドリルB

第2章　実践練習　　169
UNIT 1　問題5に挑戦！　　170
UNIT 2　問題6に挑戦！　　182
UNIT 3　問題7に挑戦！　　193

PART3 模擬試験　　211
採点表　　218

〈別冊〉

模擬試験　答え　　2
付録「試験に出る言葉」　　4
解答用紙（模擬試験）　　8

本書の使い方

学習の流れ

この本は、「基礎編」と「対策編」を中心に、次のような流れで学習を進めます。

① 基礎編 ⇒ 文法の基礎力を強化する

日本語能力試験の文法分野では、単語や表現の知識だけが問われるのではありません。文章あるいは会話の中で、どんな言葉をどのように使うか、日本語の実践力が問われます。初級文法を基礎とした、しっかりした知識と理解が問われるのです。パート1の基礎編では、文法問題でキーとなる助詞・副詞・接続詞・敬語の復習・強化を目指し、総合的に文法の力を高めます。同時に、N2・N3レベルから重要な文型をピックアップして復習・整理をします。

② 対策編 ⇒ 問題のパターンを知る、解法のパターンをつかむ

パート2の対策編は、「対策準備」と「実践練習」の2つの章で構成されています。まず第1章「対策準備」では、いくつかのドリルを通して、文法問題に強くなるための基礎力トレーニングをします。次に第2章「実践練習」では、実際の試験に基づき3つの問題（問題5・6・7）の攻略を目指します。3つのそれぞれで問題のパターンを細かく分析し、解答のポイントを確認しながら繰り返し練習をします。

③ 模擬試験 ⇒ 学習のまとめとして実力を確認する

ひととおり学習が終わったら、模擬試験で実力診断をします。得点が低かった場合は、特に出来のよくなかった問題を中心に、しっかり復習しましょう。

④ 付録「試験に出る言葉」 ⇒ 試験直前のチェック

巻末に、文法問題の中で使われる可能性の高い語句をリストアップしました。試験直前のチェックに役立てることができます。

学習プラン

日本語能力試験対策にこの本を利用する場合の学習プランとして、3つの例をご紹介します。試験勉強を始める時期や試験日までの日数など、ニーズに合わせ、適当にアレンジをしながらプランを立ててください。

学習プランの例

※ 1回50分として。　※ 授業の中で全部できない場合は、部分的に宿題にする。

〈平均プラン〉 30回＋模擬試験

1	基礎編・助詞
2	基礎編・助詞
3	基礎編・副詞
4	基礎編・副詞
5	基礎編・接続詞
6	基礎編・接続詞
7	基礎編・敬語
8	基礎編・敬語
9	基礎編：N2・N3文型
10	基礎編：N2・N3文型
11	基礎編：N2・N3文型
12	基礎編：N2・N3文型
13	対策編：N1文型
14	対策編：N1文型
15	対策編：N1文型
16	対策編：N1文型
17	対策編：N1文型
18	対策編：N1文型
19	対策編：言葉をつなぐ練習
20	対策編：言葉をつなぐ練習
21	対策編：文をつなぐ練習
22	対策編：文をつなぐ練習
23	対策編：問題5に挑戦！
24	対策編：問題5に挑戦！
25	対策編：問題6に挑戦！
26	対策編：問題6に挑戦！
27	対策編：問題7に挑戦！
28	対策編：問題7に挑戦！
29	対策編：問題7に挑戦！
30	模擬試験

〈短期プラン〉 20回＋模擬試験

1	基礎編・助詞
2	基礎編・副詞
3	基礎編・接続詞
4	基礎編・敬語
5	基礎編：N2・N3文型
6	基礎編：N2・N3文型
7	基礎編：N2・N3文型
8	対策編：N1文型
9	対策編：N1文型
10	対策編：N1文型
11	対策編：N1文型
12	対策編：N1文型
13	対策編：N1文型
14	対策編：言葉をつなぐ練習
15	対策編：文をつなぐ練習
16	対策編：問題5に挑戦！
17	対策編：問題6に挑戦！
18	対策編：問題7に挑戦！
19	対策編：問題7に挑戦！
20	模擬試験

〈超短期プラン〉 15回＋模擬試験

1	基礎編・助詞／副詞
2	基礎編・接続詞／敬語
3	基礎編：N2・N3文型
4	基礎編：N2・N3文型
5	対策編：N1文型
6	対策編：N1文型
7	対策編：N1文型
8	対策編：N1文型
9	対策編：言葉をつなぐ練習
10	対策編：文をつなぐ練習
11	対策編：問題5に挑戦！
12	対策編：問題6に挑戦！
13	対策編：問題7に挑戦！
14	対策編：問題7に挑戦！
15	模擬試験

▶ 基礎編の学習の仕方

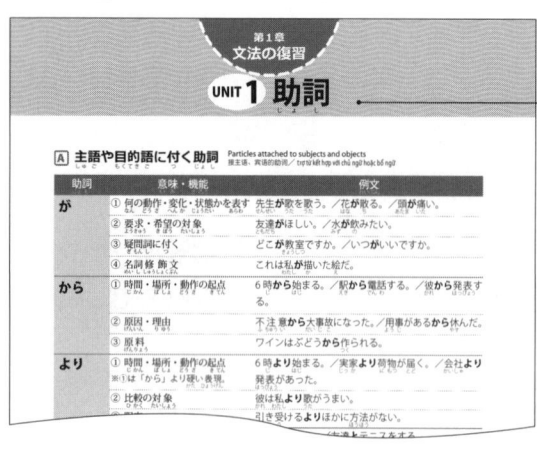

- 「助詞」「副詞」「接続詞」「敬語」それぞれの要点について、簡単な練習問題を交えながら整理・再確認していきます。

- 同様に、N2・N3レベルの文型についても重要なものを取り上げ、復習していきます。

▶ 対策編の学習の仕方

最初のステップ ▶ 対策準備

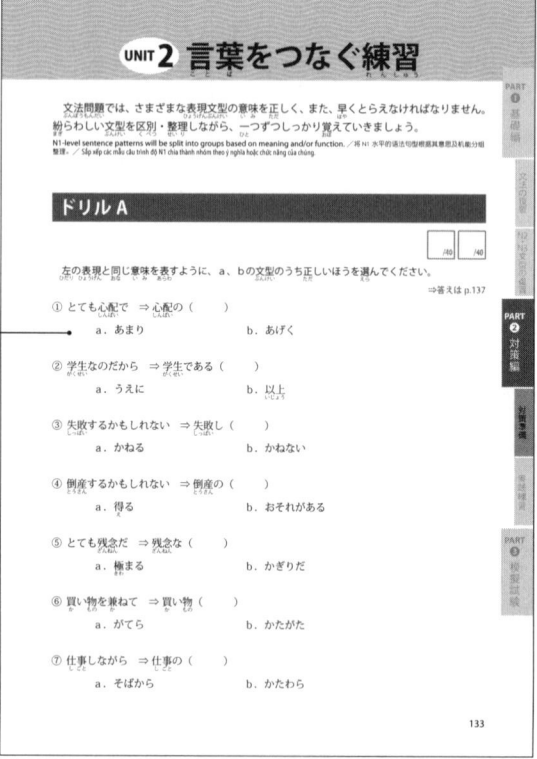

- 第1章「対策準備」では、文法問題に強くなるための基礎トレーニングをします。3つの問題形式を想定した効果的なドリルを解いていきます。

本書の使い方

次のステップ ▶ 実践練習

> ### ２ 誰が何をするのかを考えるパターン
>
> **POINT**
> 「いつ どこで 誰/何が 何を なぜ どうする/どうした」といった文の基本構造は、どんなに長い文でも読みとれるように練習しておきましょう。
>
> **EXERCISE**
> 次の＿＿＿に入る最も適当なものを１～４から一つ選んでください。
>
> しょうゆ差しが進化している。日本では刺身や漬け物をはじめとして、しょうゆにつけたり、　1　をかけたりして食べることが多く、どこの家でも食卓には　2　が置いてあるだろう。しかし、このしょうゆ、塩分の塊ともいえ、健康志向が高まってきている昨今、しょうゆの使いすぎを気にしている人がいるもの事実だ。
> そこで、新しく売られるしょうゆ差しには、そういう事情に合わせて工夫されたものが増えてきている。携帯も可能な小型のものでも、片方から１滴ずつ、もう片方からスプレー状にと、少量使用にこだわる人向きのものや、酸化の進みやすいしょうゆが空気に触れるのを少しでも減らそうと内部に浮き蓋を仕込んだものなど、あの手この手だ。デザインもユニークなもの多く、店頭で一度　3　ものばかりだ。
>
> 1
> 　1　しょうゆ差し　　　2　しょうゆ
> 　3　塩　　　　　　　　4　砂糖
>
> 2
> 　1　しょうゆ差し　　　2　しょうゆ
> 　3　塩　　　　　　　　4　砂糖
>
> 3
> 　1　食べてみたくなる　　　2　置いてみたくなる
> 　3　かけてみたくなる　　　4　手に取ってみたくなる

● 第２章「実践練習」では、実際の試験の形式に合わせて、問題分析と練習をしていきます。

> ③「問題7」に挑戦！
>
> ## 解答へのアプローチ
>
> 正解：(1)　1　2　(2)　2　2　3　1
>
> 🖉 ことばと表現
> □ 虐待：abuse／虐待／ngược đãi
> □ 絡み合う：to tangle／互相纏繞、彼此牽扯／quấn vào nhau, bện vào nhau
> □ お節介（する）：（頼まれてもいないのに）余計な世話をすること。
> □ 感性：sensitivity／感敏性／độ nhạy
> □ 検索（する）：search／検索／truy tìm, truy cập
> □ 瞬時に：瞬間的に。
> □ 報道（する）：news report／報道／tin tức
>
> (1)
> 1
> 文章の流れ　子供の虐待をなくするためには、親の責任にするだけでなく、社会全体での対策や、家族・近隣住民の関心も必要だ。
> ポイント　「いかに」に続く言葉、「～とも」「～ても」を探す。「ようとする」は気持ちだけで実現していないことを表す。
>
> (2)
> 2
> 文章の流れ　インターネット社会は、今まで概念のなかった「忘れ去られる権利」まで必要とされるようになったが、これはほかの権利と複雑に絡み合ったもので、まだまだ課題も多い。
> ポイント　「どんなに～ても/でも」という組み合わせを見つける。
>
> 3
> ポイント　「おそらく～だろう」という結びつきが読みとれると簡単。また、文章冒頭の「論争が盛んだ」もヒントになる。

● 各練習問題の答えのページでは、解答のポイントを示します。また、文型や語句の補足説明などをします。

※ 問題の形式によって内容は多少異なります。

「日本語能力試験 N1」の構成

		大問	小問数	ねらい
言語知識（文字・語彙・文法）・読解（110分）	文字・語彙	1 漢字読み	6	漢字で書かれた語の読み方を問う。
		2 文脈規定	7	文脈によって意味的に規定される語が何であるかを問う。
		3 言い換え類義	6	出題される語や表現と意味的に近い語や表現を問う。
		4 用法	6	出題語が文の中でどのように使われるのかを問う。
	文法	5 文の文法1（文法形式の判断）	10	文の内容に合った文法形式かどうかを判断することができるかを問う。
		6 文の文法2（文の組み立て）	5	統語的に正しく、かつ、意味が通る文を組み立てることができるかを問う。
		7 文章の文法	5	文章の流れに合った文かどうかを判断することができるかを問う。
	読解	8 内容理解（短文）	4	生活・仕事などいろいろな話題も含め、説明文や指示文など200字程度のテキストを読んで、内容が理解できるかを問う。
		9 内容理解（中文）	9	評論、解説、エッセイなど500字程度のテキストを読んで、因果関係や理由などが理解できるかを問う。
		10 内容理解（長文）	4	解説、エッセイ、小説など1000字程度のテキストを読んで、概要や筆者の考えなどが理解できるかを問う。
		11 統合理解	2または3	複数のテキスト（合計600字程度）を読み比べて比較・統合しながら理解できるかを問う。
		12 主張理解（長文）	4	社説、評論など抽象性・論理性のある1000字程度のテキストを読んで、全体として伝えようとしている主張や意見がつかめるかを問う。
		13 情報検索	2	広告、パンフレット、情報誌、ビジネス文書などの情報素材（700字程度）の中から必要な情報を探し出すことができるかを問う。
聴解（60分）		1 課題理解	6	まとまりのあるテキストを聞いて、内容が理解できるかどうかを問う。
		2 ポイント理解	7	まとまりのあるテキストを聞いて、内容が理解できるかどうかを問う。
		3 概要理解	6	まとまりのあるテキストを聞いて、内容が理解できるかどうかを問う。
		4 即時応答	14	質問などの短い発話を聞いて、適切な応答が選択できるかを問う。
		5 統合理解	4	長めのテキストを聞いて、複数の情報を比較・統合しながら、内容が理解できるかを問う。

※ 小問数は予想される数で、実際にはこれと異なる場合もあります。

試験に関する最新情報は、日本語能力試験の公式ホームページ（☞ http://www.jlpt.jp）でご確認ください。

PART 1 基礎編
第1章 文法の復習

- **UNIT 1** 助詞
- **UNIT 2** 副詞
- **UNIT 3** 接続詞
- **UNIT 4** 敬語

練習問題の答え

第1章 文法の復習

UNIT 1 助詞(じょし)

A 主語(しゅご)や目的語(もくてきご)に付(つ)く助詞(じょし)
Particles attached to subjects and objects
接主语、宾语的助词／trợ từ kết hợp với chủ ngữ hoặc bổ ngữ

助詞	意味・機能	例文
が	① 何の動作・変化・状態かを表す	先生**が**歌を歌う。／花**が**散る。／頭**が**痛い。
	② 要求・希望の対象	友達**が**ほしい。／水**が**飲みたい。
	③ 疑問詞に付く	どこ**が**教室ですか。／いつ**が**いいですか。
	④ 名詞修飾文	これは私**が**描いた絵だ。
から	① 時間・場所・動作の起点	6時**から**始まる。／駅**から**電話する。／彼**から**発表する。
	② 原因・理由	不注意**から**大事故になった。／用事がある**から**休んだ。
	③ 原料	ワインはぶどう**から**作られる。
より	① 時間・場所・動作の起点 ※①は「から」より硬い表現。	6時**より**始まる。／実家**より**荷物が届く。／会社**より**発表があった。
	② 比較の対象	彼は私**より**歌がうまい。
	③ 限定	引き受ける**より**ほかに方法がない。
と	① 一緒に動作する相手	彼**と**結婚する。／友達**と**テニスをする。
	② 変化の結果 ※②は「〜になる」より硬い表現。	この出来事は、日本の歴史を変える大きなきっかけ**と**なった。
	③ 異同を表す	この本**と**同じ内容だ。／昔**と**違う。
の	① 所有	私**の**本／会社**の**机（どこの〜・誰の〜）
	② 内容・対象	日本語**の**本、ピザ**の**注文（何の〜）
	③ 範囲・部分	髪の毛、部屋**の**中、テレビ**の**上（どこの〜）
	④ 原料・材料	ガラス**の**花びん、プラスチック**の**容器（何の〜）
	⑤ 製造元・産地	日本**の**車、北海道**の**ジャガイモ（どこの〜）
	⑥ 限定	去年**の**夏、昨日**の**夜（いつの〜）
	※これら①〜⑥は疑問詞の違い（カッコ内参照）に現れる。	
へ	① 目的地・方向	北海道**へ**行く。／職場**へ**向かう。
を	① 移動・動作の場所	階段**を**下りる。／山**を**登る。／道**を**歩く。
	② 中から外への移動	教室**を**出る。／バス**を**降りる。
	③ 動作・作用の対象	パン**を**食べる。／ペン**を**落とす。

① 助詞

に	① 存在場所	家にいる。／学校の前にある。
	② 目的	買い物に行く。／日本語を勉強しに来た。
	③ 原因	酒に酔う。／暑さに苦しむ。
	④ 動作の相手	友達に会う。／弟に手紙を送る。／先生に質問する。
	⑤ 変化の結果	医者になる。／私は紅茶にする。
	⑥ 物事が行われる時・時点	夏休みに帰る。／10時に試験がある。
	⑦ 動作主・所有者	私には時間がない。／若者に人気がある。
	⑧ 受身文の相手	彼に殴られた。／雨に降られた。
	⑨ 着点	大阪に着いた。／ここにポスターを貼る。
	⑩ 外から中への移動	教室に入る。／バスに乗る。
で	① 動作する場所	ここで働く。／会議は2階で行う。／公園で遊ぶ。
	② 道具・手段	地下鉄で行く。／はさみで切る。／手で食べる。
	③ 材料	この毛糸でセーターを編む。／テストでクラスを分ける。
	④ 原因	頭痛で仕事を休んだ。／事故で入院した。
	⑤ 範囲・条件	3人で一組になる。／2日で書き上げる。
	⑥ 様子・状態	小声で話す。／素足で歩く。

 Aの練習問題（主語や目的語に付く助詞）

□の中の3つの選択肢から最も適当なものを一つ選んで、文を完成させてください。

⇒答えは p.52

① デパート [の／を／へ] 買い物 [を／に／が] 行ってきます。

② ペン [の／で／に] ここ [を／で／に] 名前 [を／が／と] 書いてください。

③ あの店のほう [が／と／で] ここ [から／より／と] 安い [で／から／が] あそこ [に／を／で] 行こう。

④ このリンゴは3つ [で／と／の] 300円 [と／で／に] ほか [より／から／と] 安くなっている。

B 量や範囲、程度を表す助詞 Particles that show quantity, extent, or degree
表示数量、范围、程度的助词／trợ từ chỉ khối lượng, phạm vi và mức độ

助詞	意味・機能	例文
まで	① 動作が終わる場所・時間	大阪**まで**車で行く。／事務所**まで**来てくれ。
	② 範囲	家から駅**まで**歩いて2分だ。
くらい〈ぐらい〉	① 大体の時間・数・量	3つ**ぐらい**ほしい。／1時間**ぐらい**寝た。
	② 例え・程度	500円玉**くらい**の大きさ／鳥の羽**くらい**軽い／死ぬ**くらい**驚いた。
	③ 程度・量が大したものではない	食事**ぐらい**（は）ゆっくり食べたい。
ほど	① 例え・程度	500円玉**ほど**の大きさ／星の数**ほど**多い／死ぬ**ほど**驚いた。
	② 比較	銀は金**ほど**高くない。
	③ 大体の時間・数・量	3つ**ほど**ほしい。／1時間**ほど**寝た。
だけ	① 限定	50円**だけ**借りた。／この部屋にいるのは女性**だけ**だ。
など〈なんか〉	① 例示	花**なんか**、どうですか。／お金**など**要らない。
なり	① 候補を列挙する	聞く**なり**調べる**なり**しなさい。
	② 〜するとすぐ	その子は母親の顔を見る**なり**泣き出した。
	③ 〜に合った・適当な	彼**なり**に悩んだようだ。
やら	① よくないものがそのほかにもあることを示す	ヘビ**やら**カエル**やら**を飼っている。／部屋中、服**やら**本**やら**が散らかっていた。
	② 疑問詞＋やら：わからないことを示す	何をしている**やら**、何も言わない。

B の練習問題（量や範囲、程度を表す助詞）

□の中の3つの選択肢から最も適当なものを一つ選んで、文を完成させてください。

⇒答えは p.52

① 休みの日 [やら／ほど／ぐらい] ゆっくり10時ごろ [まで／なり／ほど] 寝ていたい。

② 彼の部屋には 空き缶 [やら／まで／など] 紙くず [やら／まで／など] が いっぱい落ちていた。

③ 彼はベッドに 横になる [まで／なり／だけ] 寝てしまった。

① 助詞

C 意味を強調する助詞　Particles that emphasize meaning
强调意思的助词／trợ từ nhấn mạnh ý nghĩa

助詞	意味・機能	例文
しか	① 「～しか～ない」の形で：ほかを否定する	ビール**しか**飲ま**ない**。
	② 数の少なさの強調	財布に50円**しか**ない。
は	① 主語	私**は**学生です。／大阪**は**いいところです。／トイレ**は**どこですか。
	② 二つを並べて述べる	兄**は**背が高いが、弟**は**低い。
	③ 特に一つを取り上げる	フランス語**は**できない。／日曜**は**家にいます。
も	① 同類	私**も**行きたい。／酒**も**ビールも飲む。
	② 否定の強調	会いたく**も**ない。／でき**も**しないのに引き受けた。
	③ 数・量の多さの強調	10時間**も**寝た。／50万円**も**払った。
	④ "1"＋～も＋ない：全くないことを示す	一人**も**いない。／1円**も**ない。
こそ	① 前の言葉の強調	私**こそ**お世話になりました。
さえ	① 普通では考えられない例を挙げて強調する	先生**さえ**間違った。／水**さえ**飲めない。
	② それだけで成り立つことを強調する	これ**さえ**できれば、合格だ。
だに	① (ちょっと) ～するだけでも	思い出す**だに**恐ろしい。
でも	① 最も低いレベルの例	こんな問題は子ども**でも**わかる。
	② 同類のものの暗示・例え	お茶**でも**飲みましょう。

 Cの練習問題（意味を強調する助詞）

□の中の3つの選択肢から最も適当なものを一つ選んで、文を完成させてください。

⇒答えはp.52

① 天気 [も／さえ／こそ] よければ、旅行 [は／こそ／ほど] きっと楽しいものになる。

② 子供 [は／でも／だに] わかる問題なのに、2点 [しか／だけ／こそ] とれないなんて…。

③ こちら [さえ／も／こそ] ごちそうになって、ありがとうございました。

D 文と文をつなぐ助詞

助詞	意味・機能	例文
が	① 前の文と後の文の意味が反対の関係	朝、晴れていた**が**、午後から雨になった。
	② 対照的な二つのことを述べる	春は暖かい**が**、夏は蒸し暑い。
けれども〈けど〉	① 前の文と後の文の意味が反対の関係	朝、雨が降った**けど**、午後から晴れた。
	② 前置き	〈電話で〉岡田です**けど**、田中さん、いますか。
ても	① 仮定の条件	雨が降っ**ても**、サッカーをする。
	② 疑問詞＋ても：強調を表す	いくら待っ**ても**、来なかった。
	③ おおよその限界	高く**ても**、1万円ぐらいだ。
のに	① 不満・驚きの気持ち	勉強した**のに**、不合格だった。／忙しい**のに**、頑張っている。
ので	① 原因・理由	寒くなってきた**ので**、窓を閉めた。
ながら	① 同時に二つの動作を行う	テレビを見**ながら**食事する。
	② 前の事柄に反する事柄を述べる	わかってい**ながら**間違えてしまった。
し	① 並べて述べる	彼女は美人だ**し**、仕事もできる。
	② はっきり理由として述べるのではないが、後の事柄の要因の一つになるようなことを述べる〔ややぼかした感じ〕	今日は天気がいい**し**、外で食事しようか。
から	① 原因・理由	安い**から**買っておこう。
たり	① 二つ以上の動作を並べて述べる	休みは本を読ん**だり**、散歩し**たり**します。
	② 繰り返しを表す	行っ**たり**来**たり**しながら、人を待っている。
と	① 引用	彼はまた来る**と**言った。／今日は寒い**と**思う。
	② 条件	春になる**と**花が咲き始める。
	③ 結果からわかったことを表す	電話をかける**と**、家にいた。／パソコンで調べる**と**、すぐわかった。
ば	① 仮定	忙しくなけれ**ば**、行くつもりだ。
	② ある条件を満たすと同じ結果が起きる様子	このボタンを押せ**ば**、お湯が出ます。
	③ 似た事柄を並べて述べる	震災の時は水もなけれ**ば**、食べ物もなかった。

① 助詞

D の練習問題 (文と文をつなぐ助詞)

□の中の3つの選択肢から最も適当なものを一つ選んで、文を完成させてください。

⇒答えは p.52

① この部屋は広い [から／し／ので] 駅から近い [から／し／ので] とても気に入った。

② 退院してしばらくは寝 [でも／たり／ながら] 起き [でも／たり／ながら] の生活です。

③ 気分が悪い [ながら／やら／ので] 帰ってもいいでしょうか。

E 文や句の終わりにつく助詞

助詞	意味・機能	例文
か	① 質問・疑問	今、何時です**か**。
	② 誘い・依頼	食事に行きません**か**。／手伝ってくれない**か**。
	③ 非難	忘れたら、困るじゃない**か**。／何度言ったらわかるんです**か**。
	④ 不確かなこと	行くか行かない**か**、まだ決めていない。／何という場所だった**か**、忘れた。
	⑤ はっきりわからない考え・理由	年のせい**か**、目が見えなくなってきた。
	⑥ 独り言	今日は一日雨**か**…。じゃ、出かけるのはやめよう。
ぞ	① 命令・注意	危ない**ぞ**。／行く**ぞ**。
	② 独り言	これはおかしい**ぞ**、何かある**ぞ**
な	① 禁止・依頼	行く**な**。／それ以上言う**な**。
	② 感心・感動	日本語がうまい**な**。／きれいだ**な**。
	③ 確認・同意を求める	会議は月曜だったよ**な**。／今日は暑い**な**。
	④ 軽い断定	私も君の意見に賛成だ**な**。
や	① 独り言	どうでもいい**や**。／仕方ない**や**。

17

よ	① 相手の知らない新しい情報を与える	雨が降ってきたよ。／もう1時ですよ。
	② 断定・当然のこととして伝える	必ず行くよ。／わかっていますよ。
	③ やや強い依頼・誘い	ちゃんと返事くださいよ。／待ってくれよ。／帰ろうよ。
ね	① 同意を求める	暑いですね。／きれいですね。
	② 確認	明日は6時ですね。
	③ やさしい依頼	忘れないでね。／ちょっと待ってね。
よね	① 不確かなことの確認	持ってきましたよね。／そうですよね。
わ	① 調子をやわらげる〔女性がよく使う〕	行ってみたいわ。／いやですわ。
	② 感動・詠嘆	きれいだわ。／素晴らしいわ。／これは面白いわ。
な(あ)	① 禁止	動くな。／怒るな、怒るな。
	② 心の中の気持ちや考えを表す	君にわかるかなあ。／あの人賢いな。
	③ 独り言	今日は暇だなあ。
	④ 軽い断定	私は反対だなあ。／私もそう思うなあ。
	⑤ 同意を求める	約束は10時だったよな。／毎日寒いな。

Eの練習問題（文や句の終わりに付く助詞）

□の中の3つの選択肢から最も適当なものを一つ選んで、文を完成させてください。

⇒答えは p.52

① さわったら危ない [や/か/ぞ] と大声で注意された。

② 私の言っている意味がわかっているの [か/な/ぞ] と部長は声を荒げた。

① 助詞

応用問題

応用問題・1

（　）に合う助詞を入れて、文を完成させてください。

⇒答えは p.52

① エレベーター（　　）5階まで来てください。降りて右に事務所（　　）あります。

② これ（　　）私（　　）友達（　　）もらった本な（　　）、ほかの人（　　）あげられません。

③ 誕生日（　　）何（　　）あげる（　　）まだ決めていません。

④ 木（　　）作った家（　　）温かみがある。

⑤ 大阪（　　）電車（　　）降りて、バス（　　）乗り換えて、神戸（　　）行きました。

⑥ 台風（　　）時（　　）、電気もガス（　　）止まってしまい、水（　　）飲めない状態だった。

⑦ 船（　　）酔ってしまい、ずっと気分（　　）悪くて、立ち上がること（　　）できなかった。

⑧ 昨日（　　）出来事（　　）だれ（　　）話し（　　）信じてもらえなかった。

⑨ 日本（　　）冬（　　）北京（　　）寒くない（　　）彼（　　）話していた。

応用問題・2

下線の下の言葉を適当な形に変え、助詞を足して、文を完成させてください。

⇒答えは p.52

① 彼はどんなに＿＿＿＿＿＿太らないそうだ。
　　　　　　　　食べます

② 冬に＿＿＿＿＿、＿＿＿＿＿＿、＿＿＿＿＿＿したいと思っている。
　　　なります　　スキーをします　温泉に入ります

③ 京都に行ったらどこに＿＿＿＿＿＿、希望を言ってください。
　　　　　　　　　　行きたいです

④ 彼女は昼間＿＿＿＿＿＿、夜、学校に通っているそうです。
　　　　　　働きます

⑤ 大阪に大きい地震が＿＿＿＿＿、＿＿＿＿＿＿怖くなります。
　　　　　　　　　起こりません　　考えます

⑥ ＿＿＿＿＿＿、辞書で＿＿＿＿＿、先生に＿＿＿＿＿したら？
　　わかりません　　　　調べます　　　　聞きます

⑦ 地図で＿＿＿＿＿ ＿＿＿＿＿、場所がわからなかった。
　　　　調べます　　行きます

⑧ 出張から一日早く＿＿＿＿＿＿＿＿、今夜のパーティーには
　　　　　　　　戻れることになります
＿＿＿＿＿＿＿、皆さんにお伝えください。
参加できます

第1章 文法の復習

UNIT 2 副詞

A 状態・様子を表す副詞

副詞	意味	例文
あらかじめ	何かの前に準備をする。前もって。	会議の前に**あらかじめ**資料を読んでおく。
いきなり	順序に関係なく急に。	何の連絡もなく、**いきなり**来られても困ります。
一切	すべて、残らず、全く。	**一切**君に任せる。／私には**一切**関係ない。
おおむね	だいたい。大部分が同じ状態。	その話は**おおむね**了解しました。
おのおの	一人ひとり。それぞれ。	このことは**おのおの**が責任を持ってください。
かねて	以前から。前々から。	彼のことは**かねて**から知っていました。
再三	何度も。繰り返し。	**再三**、注意したのに、彼は聞いてくれなかった。
じきに	すぐに、間もなく。あまり時間を空けないで。	社長は**じきに**参ります。
しばし	少しの間、ちょっとの時間。※少し古い表現	これで、**しばし**の別れですね。
しばしば	何度も。よく（起こる）。	彼とは**しばしば**電車の中で会う。
しばらく	少しの時間、少し長い時間。	**しばらく**お待ちください。／**しばらく**会わなかったね。
すぐ（に）	時間や距離を空けずに。	帰って**すぐ**寝た。／駅の**すぐ**近くです。
すでに	以前に。もう。	宿題は**すでに**終わっている。
すべて	全部、残らず。	**すべて**食べてしまった。
せいぜい	できる限り。多く考えて。	**せいぜい**頑張ります。／**せいぜい**500円ぐらいだ。
互いに	両方とも。かわるがわる。	**互いに**見つめあった。／**互いに**声を掛け合おう。
直ちに	すぐ。直接。	**直ちに**出発した。／不注意は**直ちに**事故につながる。
たちまち	すぐに変化する様子。	会場は**たちまち**人でいっぱいになった。
度々	何度も。繰り返し。	日本には**度々**訪れている。
つい	悪いとわかっているのに思わず。すぐ。	**つい**言ってしまった。／**つい**目と鼻の先です。
ついに	長い時間を経て、ある結果に達する様子。	**ついに**私の順番が来た。
とうとう	物事が終わりの段階に至る様子。	彼は長い闘病生活の末、**とうとう**亡くなった。
堂々と	自信があって立派な様子。全く隠さずに。	**堂々と**意見を述べる。／白昼**堂々**、事件は起きた。

21

なかなか	かなり。簡単には～ない（ない形を伴う）。	なかなか難しい。／なかなか来ない。
はっきり(と)	ほかとの差が明らか。遠慮しない様子。	眼鏡をかけたらはっきり見える。／はっきりした性格。
はるばる(と)	遠くから来る、遠くへ行く。	はるばる来てくれた。
ひたすら	ほかのことはなく、それだけ。いちずに。	ひたすら彼女のことを心配していた。
再び	もう一度。	再び会えるとは思っていなかった。
ふと	そうしようと思わず偶然に。	ふと窓の外を見たら、雨が降っていた。
平然(と)	平気な様子。	彼は平然とうそをつく。
まず	ほかより先に。一応。だいたい。	まず乾杯だ。／これでまず安心だ。／まずこれでいい。
ますます	前よりもっと、いっそう。	彼女、ますますきれいになったね。
また	もう一度、同じく。いつか、そのうち。	また失敗した。／ではまた会いましょう。
もっぱら	そのことばかり、一筋に。	学生時代はもっぱら本ばかり読んでいた。
やがて	間もなく。おおかた。	やがて冬が来る。／日本に来てやがて2年だ。
やはり	思ったとおり。前と同じに。	やはりダメだったか。／やはり怪しい。
悠々と	ゆったりと。余裕を持って。	悠々と歩く。／悠々と合格した。
ろくに	十分に、満足に（ない形を伴う）。	最近忙しくて、ろくに食べていない。
わざわざ	それだけのために特別に。	わざわざ持って来てくださって感激です。
わざと	偶然でなく意識して、意図的に（多くはよくない意図を持って）。	彼はわざと返事をしなかった。

Aの練習問題

a、bのうち、正しいほうを選んでください。

⇒答えは p.52

① 先生に（a. わざわざ　b. わざと）おいでいただき、恐縮です。

② 人のものを勝手に使っておいて（a. 悠々と　b. 平然と）知らん顔をしている。

③ この薬を飲んだら（a. いきなり　b. たちまち）頭痛が治った。

④ 山に登っていたら（a. いきなり　b. ただちに）雨が降りだした。

⑤ 仕事が忙しくて（a. ろくろく　b. なかなか）寝ていない。

⑥ パーティーでは（a. もっぱら　b. ひたすら）食べたり飲んだりしていた。

⑦ 彼も（a. やがて　b. 再び）来るでしょうから、先に食事を始めましょう。

⑧ ドライブに行く前に（a. かねて　b. あらかじめ）地図を見ておくといいよ。

⑨ 東京までバスで行っても（a. ろくに　b. せいぜい）5000円ぐらいだろう。

⑩ （a. 再三　b. また）言ったにもかかわらず、遅刻してくる学生がいた。

⑪ 気分が悪くなったけど、（a. すぐに　b. しばらく）休んだら、回復した。

⑫ 口がすべって（a. ついに　b. つい）本当のことを言ってしまった。

⑬ 恐れ入りますが、（a. しばらく　b. やがて）こちらでお待ちいただけますか。

⑭ 熱も下がったし、これで（a. とうとう　b. まず）大丈夫だ。

⑮ 彼は、いくら聞いても（a. ますます　b. なかなか）本当のことを言ってくれない。

B 程度を表す副詞

副詞	意味	例文
いくぶん	以前より少し。	**いくぶん**寒さが和らいだ。
いささか	（大したことがないが）少し。	**いささか**腹が立った。
いっそう	以前よりもっと。	状況は**いっそう**深刻になった。
かすかに	注意していないとわからないくらい小さい、弱い様子。弱弱しく。	**かすかに**匂う。
かなり	相当。「とても」より下の程度。	**かなり**上手になってきた。
きわめて	とても、非常に、この上なく。	これは**きわめて**まれなケースだ。
ごく	きわめて、非常に。※硬い表現	**ごく**親しい友人しか知らないはずだ。
ずいぶん	とても、かなり。	**ずいぶん**待ったような気がする。
すこぶる	大変、とても、非常に。	彼は**すこぶる**優秀な学生だ。
すっかり	全く、みんな、残らず。	**すっかり**なくなってしまった。
ずっと	ほかとレベルが違う。長い間続いて。	これより**ずっと**大きい。**ずっと**一緒にいたい。
だいぶ（ん）	相当、大部分。	建設中のビルは**だいぶん**できてきた。
たいへん	非常に、はなはだ、とても。	**大変**うれしく思う。

ただ	それだけをする様子。わずかに。	彼は何もせず**ただ**見ているだけだ。／**ただ**の風邪だ。
ちょっと	しばらく。少し。簡単にはできない様子。	**ちょっと**待って。／**ちょっと**無理だ。
なお	以前と変わらず。さらにその上。	彼は**なお**現役を続けるつもりだ。／**なお**連絡がない。
はなはだ	非常に、大変。 ※硬い表現	**はなはだ**迷惑だ。
はるか(に)	ほかとかなり差がある様子。	彼のほうが**はるか**に優れている。
ほのかに	(色や形などが) 気づくか気づかない程度に少しだけわかる様子。	湯気の向こうに**ほのかに**人影が見えた。
ほんのり	(色や香りなどが) 気づくか気づかない程度に少しだけ感じとれる様子。	酒を飲んで、**ほんのり**顔が赤くなってきた。
もう	もはや。間もなく。この上に。これ以上。	**もう**1時だ。／**もう**来る。／**もう**少し待とう。／**もう**いやだ。
もっとも	その中で一番。	日本で**最も**有名な漫画家は誰ですか。
やや	少しの程度の差がある様子。少しの時間差。	昨日より**やや**寒い。／**やや**遅れてきた。
よほど	かなり。普通以上の様子。かなりの割合で。	**よほど**痛そうだ。／**よほど**断ろうと思っていた。
わずか(に)	数や量が非常に少ない様子。たった。	生きて帰れたのは**わずか**1人だった。

Bの練習問題

a、bのうち、正しいほうを選んでください。

⇒答えは p.53

① 娘さん、(a. いくぶん　b. かなり) 大きくなったね。

② 買い物でお金を使い果たし、財布の中には (a. いささか　b. わずか) 1000円しか残っていなかった。

③ 4月から工場長になり、責任は (a. いっそう　b. すこぶる) 重いものになってきた。

④ 隣の話し声が (a. ほんのり　b. かすかに) 聞こえてきた。

⑤ 彼は (a. かなり　b. きわめて) 酔っ払っているらしく、大声で騒いでいた。

⑥ わあ、料理が (a. ずいぶん　b. すこぶる) たくさん残ってしまいましたね。

⑦ 小学校の同窓会に行ったが、友達の名前を (a. よほど　b. すっかり) 忘れてしまった。

② 副詞

⑧ 新しいスマホを買い求める人の行列が（a. 大変　b. ずっと）遠くまで続いている。

⑨ 今日は（a. ほのかに　b. だいぶん）顔色がいいですね。

⑩ 私には（a. だいぶん　b. ちょっと）わかりませんので、一度調べてみます。

⑪ 上海を訪問して、（a. ただ　b. なお）時間があれば、北京まで行きたいと思っています。

⑫ この本のほうが（a. もっとも　b. はるかに）おもしろいと私は思います。

⑬ 間もなく出来上がりますので、（a. やや　b. もう）少しお待ちください。

⑭ 彼は（a. よほど　b. いっそう）苦しかったのだろう。大声でうなっていた。

⑮ （a. ごく　b. すっかり）稀に、缶の底に内容物が沈殿していることがありますが、健康への影響はありません。

C 陳述の副詞　Declarative adverbs
陈述的副词／phó từ để trình bày

	副詞	意味	例文
打ち消し（後ろに打ち消しの文を伴う）	決して	絶対違うと強く否定する。	私は**決して**うそはつかない。
	さらさら	少しもその傾向がない。	彼が犯人だとは**さらさら**思っていない。
	必ずしも	必ず〜だということはない。	金持ちが**必ずしも**幸せとは限らない。
	断じて	〜だということがはっきり言える。	私は彼を**断じて**許すことができない。
	ちっとも	少しの[間] も。	二人が恋人とは**ちっとも**知らなかった。
	とうてい	とても、どうがんばっても。	今からでは**到底**間に合わない。
	少しも	わずかな量も、ちっとも。	幽霊なんて**少しも**怖くない。
	夢にも	心にそのことが少しもない。	彼が犯人だとは**夢にも**思わなかった。
禁止	決して	強く禁じる。	**決して**見てはいけない。
	断じて	〜てはいけないと断言する。	いじめは**断じて**許さない。
打ち消し推量	よもや	全く考えられないが、少し疑う気持ちもある。	**よもや**生きているとは思わなかった。
	まさか	起こりそうもない様子。いくらなんでも。	**まさか**合格するとは。／**まさか**断るわけにはいかない。
	とても	どうしても。	ラーメン5杯なんて**とても**食べられない。

25

分類	副詞	意味	例文
願望（がんぼう）	どうぞ	勧める・頼む・承知するときの強い気持ち。	どうぞいらっしゃってください。
	どうか	頼むときの強い気持ち。	どうか願いを聞き届けてください。
	なにとぞ	頼むときの改まった表現。	なにとぞお願い申し上げます
	ひとえに	ひたすらそれだけを思う。	ひとえに先生のお力と感謝しております。
	ぜひ	強い気持ちを表す。どうしても。	ぜひT大学に入りたい。
例え（たと）	まるで	全く、すべて。	まるで絵のように美しい。
	ちょうど	～という表現がぴったりだ。	彼女はちょうど母親みたいだ。
	あたかも	例えて言うなら。	雪があたかも帽子のように頭に積もった。
	さながら	～そっくり、～そのまま。	現場はさながら地獄のようだった。
	さも	見て、すぐにそうだとわかるような様子。	彼はさも知っているように話す。
推量（すいりょう）	たぶん	断定はできないが、疑いがない様子。	星が出ているし、明日はたぶん晴れるだろう。
	さぞ	その人の気持ちになって話す。	さぞ痛かっただろう。
	おそらく	断定できないが、信じる気持ちがある。	この答えはおそらく正しいと思う。
仮定（かてい）	もし	仮に、ひょっとして。	もし私が君だったら、そんなことはしない。
	万一（まんいち）	ひょっとして、一万分の一の確率で。	万一、大地震が起きた場合、どこに避難しますか。
	たとえ	仮に極端な場合を考えたとしても（結論は変わらない）。	たとえみんなに反対されても、行くつもりだ。
	いやしくも	仮にもそうであるなら（※立場にふさわしい行動を求める表現）。	いやしくも教師たるもの、これくらいのことは知っておいてほしい。
断定・肯定（だんてい・こうてい）	絶対（に）	どんなことがあっても。	絶対に諦めないつもりだ。
	必ず	確かにという強い気持ち。きっと。	必ず成功させてみせる。
	もちろん	言うまでもなく、当然。	先生のご本はもちろん買わせていただく。
	きっと	必ず。確かだという気持ち。	きっとまた会えると思う。
	まさに	確か。間違いないと思われる様子。	まさに君の言うとおりだ
	実に	誠に、実際、全く。後の言葉を強める。	実に愉快だ。
	まったく	本当に。どう見ても、どう考えても。	全くその通りだ。
	確かに	間違いなく。	確かに引き受けた。
疑問・反語（ぎもん・はんご）	どうして・なぜ	どういうわけで。理由を聞く。	どうして〔なぜ〕反対なのか。

Cの練習問題

a、bのうち、正しいほうを選んでください。

⇒答えはp.53

① 予習していなかったので、先生の話が（a. さらさら　b. ちっとも）わからなかった。

② 宝くじに当たるなんて（a. 夢にも　b. 必ずしも）思わなかった。

③ 私は（a. どうして　b. 決して）諦めません。最後まで頑張ります。

④ 外科医としての彼の手術の腕前は見事だ。私など（a. 断じて　b. とうてい）かなわない。

⑤ 先生のご要望とあれば、（a. もちろん　b. きっと）伺います。

⑥ 私は（a. 必ず　b. 確かに）書類にサインをしました。

⑦ こんな残忍な犯人は（a. 実に　b. 絶対に）許すことなどできない。

⑧ （a. もし　b. たとえ）断られようとも、誠心誠意相手にぶつかっていくつもりだ。

⑨ （a. 万一　b. もし）の時のために、保険には入っておいたほうがいい。

⑩ 彼は（a. さも　b. ちょうど）本物であるかのように、言葉巧みに私に売りつけた。

⑪ こんなに高い車は（a. よもや　b. とても）私には買えない。

⑫ これは私が焼いたケーキです。（a. どうぞ　b. ひとえに）召し上がってください。

⑬ 本当のことが言えずに、彼は（a. たぶん　b. さぞ）辛かっただろう。

⑭ 彼が本気でそんなことを言っていたなんて、（a. よもや　b. とても）思わなかった。

⑮ その日の救急病院は、（a. さながら　b. さも）戦場のようだった。

＊腕前：技術。

＊残忍（な）：brutal／残忍的／tàn nhẫn

D 機能別副詞一覧　list of adverbs by function
不同机能副词一览表／danh sách phó từ theo chức năng

		副詞
否定を伴う	全部否定する	一度も、決して、さっぱり、少しも、絶対に、全然、ちっとも、全く、まるで
	部分否定する	あながち、あまり、一概に、必ずしも、それほど、たいして、めったに、ろくに
	不可能なことが続く	とても、とうてい、なかなか
推量を伴う	～だろう・～はずだ	おそらく、きっと、そのうち、たぶん、やがて
	～ないだろう	～てはいけないと断言する。
	～かもしれない	ひょっとしたら(すると)、もしかしたら(すると)
	～こと(の)だろう〔驚き・感嘆〕	なんと(て)、どんなに、どれほど
	～ようだ・～らしい・～そうだ	あたかも、今にも、いかにも、さも、どうも、どうやら
急激な変化		たちまち、あっという間に、にわかに
時間の長さ		いつまでも、ずっと、しばらく、少し、少々、長らく
数量		あまり～ない、さっぱり～ない、少し、すっかり、十分、全部、全然～ない、ほとんど～ない
順序		後で、終わりに、最後に、先に、次に、まず、はじめに、最初に
回数		しばしば、たびたび、よく、ときどき、たまに、めったに～ない、いつも
不本意		うっかり、つい、いやいや、仕方なく、あいにく
「～たら」「～ば」「～なら」を伴う		例えば、仮に、もしも、万一、もし
「～ても」を伴う		たとえ・仮に・どんなに・いくら・いかに

✎ D の練習問題

（　　）に合う語を下の ☐ から１つ選んで書きなさい。

⇒答えは p.53

① 何度も念を押したのだから、彼は（　　　）来るはずだ。

② あの正直な彼女が（　　　）嘘をつくはずがない。

③ 自分が将来どういう仕事に就くかなんて、（　　　）わからない。

② 副詞

④ 息子さんの手術が成功し、ご両親は（　　　）うれしいことだろう。

⑤ 彼の言っていることも（　　　）間違いとは言えないんじゃないだろうか。

| まったく　　あながち　　きっと　　どんなに　　まさか |

⑥ 先生に叱られ、彼女は（　　　）泣き出しそうな顔をしていた。

⑦ 彼は（　　　）彼女のことが好きみたいだな。

⑧ 甘いものを食べたら太るとは、（　　　）は言えない。

⑨ 父親は文句を言うばかりで、私の気持ちなど（　　　）わかってくれないと思っていた。

⑩ みんな、すごくおいしいと言うけど、（　　　）でもないと思う。

| 今にも　　それほど　　ちっとも　　どうやら　　いちがいに |

⑪ ここは（　　　）観光客も来ない山の中の秘湯だ。

⑫ 人に言われて（　　　）始めた作業はなかなか進まない。

⑬ ぼんやりしていて、かばんを（　　　）電車の網棚に忘れてしまった。

⑭ 初めはそうでもなかったが、（　　　）話をするうちに惹かれていった。

⑮ 昨日の試験は難しすぎて、（　　　）わからなかった。

| うっかり　　さっぱり　　いやいや　　めったに　　たびたび |

＊念を押す：to remind ／叮嘱／ nhắc nhở
＊仕事に就く：to get a job ／工作／ được có việc làm
＊一概には〜ない：すべてを同じものとして〜ない。

29

第1章 文法の復習

UNIT 3 接続詞

A 並列（二つの事柄を並べて述べる） arrangement
并列／quan hệ song song

接続詞	意味	例文
および	物事を並べて述べる。硬い表現。	館内での飲食**および**携帯電話のご使用はご遠慮ください。
ならびに	物事を並べて述べる。演説や論説などによく使われる。	こちらに住所**ならびに**氏名をご記入ください。
また	前の事柄に後の事柄を付け加える。	彼は優秀な医者であり、**また**作家でもある。
かつ	一つの事柄の二つの面を並べる。硬い表現。	報道は正確**かつ**迅速でなければならない。

B 添加（前の事柄に後の事柄を付け加える） addition
添加／thêm vào

接続詞	意味	例文
おまけに	「AおまけにB」で「AにBを付け加える」。会話文、また、よくないことに使われることが多い。Bに「～なさい」「～たい」の表現は使えない。	電車は事故で遅れ、**おまけに**雨でタクシーは＊長蛇の列。最悪だったよ。 ＊長蛇の列：長い行列。
さらに	同じようなことが重なったり加わったりする様子。硬い表現。	今回の旅行は鹿児島まで行き、**さらに**屋久島まで足を延ばそうと思っています。
しかも	前の事柄だけでなく、ほかの事柄も加えて意味を強める。	この会社の面接試験は英語で行われる。**しかも**、経済からスポーツ、グルメなど、話題はさまざまだ。
それに	前の事柄に加えて別の事柄もある。会話で理由を述べるときによく使う。	孫も生まれたし、**それに**体調にも自信がないから、今回の旅行はやめておくよ。
そして	前の事柄に、単純に後の事柄を付け加える。前のことに続いて後のことが起こる。	a. 私の故郷は緑が多く、**そして**、気候穏やかなところです。 b. この子もいつかいい人に巡り会い、**そして**結婚するでしょう。
そのうえ	前の事柄だけでも十分なのに、まだほかにもある。	a. 午後から雨が降り出し、**そのうえ**、風まで強くなってきた。 b. 先生のお宅で食事をごちそうになり、**そのうえ**、お土産までもらった。
それから	前の事柄に続いて、もう一つの事柄が起こることを表す。その次に。	ホームセンターでガムテープを買ってきてくれる？　**それから**釘も。

① 助詞

接続詞	意味	例文
それどころか	①前の事柄よりさらに程度の大きいことが後に付け加わる。驚きの気持ちを含む。	チケットが取れなくてハワイには行けなかったよ。**それどころか**、父が倒れちゃって、大変だったんだ。
	②前の事柄とは逆のことが後に付け加わる。	彼は人に世話になっても「ありがとう」の一言も言わない。**それどころか**、文句を言うこともある。
そればかりか	前の事柄だけで全部ではなく、さらにほかの事柄もある様子。	今日は寝坊しちゃったんです。**そればかりか**、大事な書類を家に置いてきちゃって。

C 対比（前の事柄と後の事柄を比べる） comparison, contrast／对比／so sánh

接続詞	意味	例文
一方	①一つのものの二つの面を比べて述べる。	ここは有名な温泉地でもあるが、**一方**、海の幸山の幸にも恵まれている。
	②一つの観点について、二つを比べて述べる。	姉妹のうち、姉は読書好きの文学少女、**一方**、妹はスポーツ万能の活発な女の子だ。
逆に	一つのことを異なる方向から考えて比べて述べる。	お金がないと幸せになれないのかもしれない。**逆に**、そう考えると気が楽だ。頑張ってお金を稼げばいい。
反対に	一つのことを逆の視点から考えて比べて述べる。	銀行から金を借りて新たな投資をするか、**反対に**、人員整理をして守りに入るか…。判断の難しいところだ。 ＊投資(する)：to invest／投资／đầu tư ＊人員整理：経営状態がよくないため、会社などが人の数を減らすこと。

D 第二の選択（同じレベルの選択肢を二つ示す） comparison, contrast／对比／so sánh

接続詞	意味	例文
あるいは	どちらか一つを選ぶ。やや硬い表現。	仕事を優先するか、**あるいは**家族を優先するかという悩みは、誰もが一度は経験したことがあるだろう。
それとも	どちらか一つを選ぶ。会話でよく使う表現。	お支払いは現金になさいますか、**それとも**カードになさいますか。
または	並列的な二つのうち、どちらか一つを選ぶ。やや改まった会話で使う。	お名前は漢字**または**カタカナでお書きください。
もしくは	どちらか一つを選ぶ。硬い表現。	パスポート、**もしくは**運転免許証などの提示が義務付けられています。

E 理由（前の事柄の理由を後で述べる）

接続詞	意味	例文
だって	自分は悪くない、間違っていないと、理由や事情を訴える。言い訳。会話表現。	行けたら行きたいけど、私は無理。**だって、**遠いじゃない。
なぜなら	「その理由は…」などと説明調に理由を述べる硬い表現。	今回の立候補は見送るべきだ。**なぜなら、**対立候補が強すぎる。 ＊立候補：candidacy／参加竞选／ứng cử
というのは	結論を先に述べ、その理由を付け加える表現。	来週の登山は延期になったんだ。**というのは、**大雨になる可能性が高いからなんだ。
ゆえに （それゆえに）	文語的表現。論文などで多く見られる。	三角形の内側の角度を足すと180度になる。**ゆえに、**答えは90度となる。
したがって	Aの結果としてのBを強く述べる。書き言葉的な硬い表現。	漢字教育というのは語彙教育である。**したがって、**漢字圏の学生にとっても漢字は難しいのだ。
そのため （ために）	「AそのためB」で、「Aが原因となっていることを強調して、Bという結果が起きている」ことを述べる。	京都線で事故が発生いたしました。**そのため、**電車の到着が大幅に遅れております。
だから	前の事柄の当然の結果として後の事柄が起こった。後の事柄を強く述べる。	語学留学のビザは2年しか認められていない。**だから、**みんな必死で勉強する。
それで	前で事実を述べ、後でその結果を述べる。「AそれでB」のBには「〜たい」「〜てください」「〜てもらえませんか」などは来ない。会話でよく使われる。	最近、仕事が忙しく寝不足気味です。**それで、**ついうとうとしてしまったんです。
そこで	「Aの出来事を受けて、Bの行動をとる」ことを述べる。Aの状態だから。	天気が急変した。**そこで、**本日の救助活動は打ち切りとなった。
それでは	相手の言葉を受けて、「そのような事情なら…」と後の事柄に続く。	明日、10時ごろ、伺ってもいいですか。 ――ええ、いいですよ。**それでは**10時にお待ちしています。
それなら	相手の言葉を受けて、新たなことを提案する。会話でよく使う。	パソコンを買おうと思っているんです。 ――**それなら、**ABC電気がいいですよ。安くて品揃えも豊富です。

F 言い換え（前の事柄について言い換える）

接続詞	意味	例文
すなわち	前の事柄をほかの言葉で言い換えて説明する。	私が生まれたのは一年で一番おめでたい日、**すなわち**1月1日です。

接続詞	意味	例文
つまり	前の事柄を結論的に言い換える。	ここでは優秀な選手を集めて指導している、**つまり**、英才教育を行っているのだ。 ＊英才：すぐれた能力、また、その持ち主。
要するに	前の事柄の重要な点をまとめて言い換える。	好き嫌いをしないで何でも食べることが、健康な体作りには欠かせないのです。**要するに**、栄養のバランスが大事なんです。

G 補足（前の事柄の不足を補う）

接続詞	意味	例文
ただし	Aの事柄に対し、例外や注意など、説明を補う。少し硬い表現。	授業中のスマホの使用は認めません。**ただし**、辞書機能としての使用は認めます。
ただ	Aの事柄を認めるが、問題点や不満などがあることを付け加える。	ここはなかなかいいホテルですね。**ただ**、1泊5万円は高すぎる。
ちなみに	前の事柄に関係のあることを参考に付け加える。「ついでに付け加えれば」。	大学を卒業していなくても、社会で活躍している人は大勢いますよ。**ちなみに**私も大学中退です。
なお	前の事柄を言い終えた後に、さらにほかのことを補う。	来週はニューヨーク支店とつないでテレビ会議を行う予定です。**なお**、詳細につきましては追ってお知らせいたします。
もっとも	Aの事柄に対し、条件や例外を補って、部分的に修正する。	早朝の散歩は気持ちがいいですよ。**もっとも**、雨の日は行きませんけど。

H 話題転換（話題や状況を変える）

接続詞	意味	例文
さて	Aの事柄が済み、新たな事柄に話題が移る。	a. おなかもいっぱいになったし、**さて**、午後も頑張って仕事するか。 b. 〈ラジオ番組〉早いものでもう3月ですね。寒い冬ももうすぐ終わり、春の足音が聞こえるようになりました。**さて**、次のリクエスト曲は・・・
では	何かの初め・終わり・別れのときなど、区切りのときに言う。会話で多く使われる。	a. **では**、お元気で。さようなら。 b. 時間になりました。**では**、出発しましょう。
それでは	前の事柄が終わり、次の段階に進む。	〈クイズ番組〉10問が終わったところで、3人の方が並んでいます。**それでは**次の問題です。

ところで	前の話題と関係のない新しい話題を提示するときに使う。会話でよく使う。	お父様はお元気ですか。無理なさらないようお伝えください。**ところで**、先日お願いした原稿はいつごろいただけますでしょうか。
それはそうと	続いていた話を中断して、別の思いついた話題に切り替える。会話で使う。	今日も暑いですね。早く涼しくなってほしいですよ。**それはそうと**、田中さんが結婚するそうですね。
それはさておき	「それはそうと」よりやや改まった表現。	景気が少しよくなって、お互い一安心ですね。**それはさておき**、息子さん、大学に合格なさったそうで、おめでとうございます。

I 逆接・反対（前の事柄から予想される結果とは逆の結果になる）

接続詞	意味	例文
けれども（けど）	①対照的な二つの事柄を述べる。	日本語は話せる**けど**、書けません。
	②前の事柄を認めながら、それと逆のことを述べる。	大阪は活気がありますね。**けれども**、みんな忙しそうで落ち着かない。
	③前置きや話題の提示をする。	田中と申します**けれども**、須藤さんはいらっしゃいますか。
しかし	①対照的な事柄を述べる。	夏は涼しくて避暑地としては最高だ。**しかし**、冬は生活するには厳しい。 ＊避暑地：summer resort／避暑地／khu nghỉ mát
	②前の事柄とは逆のことや、一部違うことを後で述べる。	30歳までに結婚はしたい。**しかし**、相手がいない。
しかしながら	「しかし」と同じだが、文語的な表現。	日本は世界平和に貢献しているといえる。**しかしながら**、それをアピールする力が弱い。
ところが	前の事柄から予想できないことが後に続く。「予想とは反対に」という驚きの気持ちを表す。	最初、彼は怖そうに見えた。**ところが**、話してみると、とてもいい人だった。
それでも（でも）	①ある事柄を認めるが（A）、それに反する結果や意見を述べる（B）。	この商品はキャンペーン中だから2割引になる。**それでも**高くて買えない。
	②相手の話に対し、反対の趣旨のことを述べる。	タクシーで来たの？　贅沢ね。 ——**でも**、遅れるよりましだろう？
(それ)にもかかわらず	前の事柄から当然予想される結果にならない。硬い表現。	彼は仮にも船長だ。**それにもかかわらず**、船を捨て、自分だけ助かろうとした。
(それ)にしても	一つの事柄を認めながら（A）、否定的な意見や疑問を述べる（B）。	帰宅が遅くなるとは聞いていた。**それにしても**遅すぎないか。もう12時だ。
(それ)にしては	Aから当然予想されることと実際が異なる様子（B）を述べる。	彼は関西人**にしては**関西アクセントがまるで出ない。

③ 接続詞

(それ)なのに	前の事柄から当然予想される結果と反対のことが起きる。不満や驚きを表す。	来週、試験でしょ？**それなのに**、遊んでいていいの？
(とはいう)ものの	ある条件が成立しているが（A）、その後が続かない（B）という状況を表す。	パソコンは買った**ものの**、使い方がわからず、そのままにしてある。
ものを	話し手の希望（A）を述べた後、そうならなかった不満の気持ち（B）を述べる。	わからないならそう言ってくれればいい**ものを**、何も言わないから、こんなことになるんだ。
(だ)からといって	前の事柄を理由に、後の事柄は成立しない。	大学を中退した**からといって**、頭が悪いとは言えない。 ＊中退(する)：to dropout／退学／bỏ học giữa chừng
(その)くせ(に)	前の事柄（A）から考えると変だと思われるようなこと（B）が後に続く。話し手の非難の気持ちを含む。	あの人は先生でもない**くせに**偉そうな言い方をする。
が	①前の事柄（A）からは想像できないような結果（B）が後に続く。	何度も確認しました**が**、ミスプリントには誰も気がつきませんでした。
	②対照的な事柄を述べる。「しかし」より硬い表現。	ここは夏は涼しくて、避暑地として最高だ。**が**、冬は生活するには厳しい。

練習問題

練習問題・1

下の語から最も適当なものを選び、（　　）に書きなさい。

⇒答えは p.53

① 本日は社長（　　　　）副社長も参っております。

② テレビだけでなく、舞台にも出てみたい。（　　　　）将来はミュージカルにも挑戦してみたい。

③ 西の味付けは薄味だ。（　　　　）、関東は味付けが濃いと言われている。

④ 結果は月曜日（　　　　）火曜日に郵便でお知らせします。

⑤ A：ラストシーンがよかったのに、寝ちゃったの？
　B：（　　　　）風邪薬飲んだら眠くなっちゃったんだもの。

> ならびに　　だって　　一方　　さらに　　もしくは

35

⑥ 救急医療は迅速（　　　　）適切でなければならない

⑦ この仕事が終わったら、温泉にでも行きたい。（　　　　）ゆっくりマッサージでもしてもらいたいよ。

⑧ 彼女は母の姉（　　　　）私のおばに当たる人だ。

⑨ 毎日学校へは自転車で通っています。（　　　　）雨の日は電車で行きますけど。

⑩ 天気予報では晴れると言っていた。（　　　　）朝からずっと雨だった。

かつ　　ところが　　すなわち　　もっとも　　そして

⑪ 彼は知らない（　　　　）知ったようなことばかり言う。

⑫ 仕事を引退して時間がある。（　　　　）幸いなことに健康だから、何かボランティア活動をしたい。

⑬ この大学はやめておこう。（　　　　）英語の面接があるからだ。

⑭ あの子は小学生（　　　　）落ち着いていて、最初は中学生かと思った。

⑮ 月曜日は休館です。（　　　　）月曜日が祭日の場合は、火曜日が休館となります。

それに　　ただし　　にしては　　くせに　　なぜなら

＊マッサージ：massage／按摩／mát xa

練習問題・2

下の語から最も適当なものを選び、（　　　）に書きなさい。

⇒答えは p.53

① 引き受けた（　　　　）途中で投げ出すとは、迷惑な話だ。

② 説明は以上です。（　　　　）試験を始めます。

③ 接続詞

③ 彼は私と会っても挨拶をしない。(　　　　　)かげで私の悪口を言っているらしい。

④ 期末試験まであと２週間か…。頑張るしかないね。(　　　　　)明日の花火大会、一緒に行かない？

⑤ １週間くらいのんびり旅行でもしたい。(　　　　　)休みがとれない。

　　　それはそうと　　それでは　　しかし　　にもかかわらず　　それどころか

⑥ 会社をやめたい(　　　　　)すぐやめるわけにもいかない。

⑦ これから忙しくなりそうですね。(　　　　　)夏のボーナスはどうなると思いますか。

⑧ 彼は試合に負け、(　　　　　)けがまでしたそうだ。

⑨ そんなに悩んでいるなら相談に乗ってあげた(　　　　　)…。かわいそうに一人で悩んでいたんだな。

⑩ このホテルは観光に最適です。(　　　　　)お得な年間プランもあり、ビジネスにも便利です。

　　　ところで　　ものを　　また　　そのうえ　　からといって

⑪ 彼は新車を買ったらしい。(　　　　　)外車だ。

⑫ カレーが食べたい。(　　　　　)とんかつも…。

⑬ 「ちょうど試験の日に熱が出て、辛かったよ」「(　　　　　)受かったんだ。すごい！」

⑭ 高い靴を買った(　　　　　)、もったいなくて一度も履いていない。

⑮ 試験中は、携帯電話(　　　　　)音の出る機器はすべて電源を切ってください。

　　　それから　　ものの　　それでも　　および　　しかも

＊電源：power supply ／电源／ nguồn điện

練習問題・3

下の語から最も適当なものを選び、（　　）に書きなさい。

⇒答えは p.53

① 日本の大学を卒業した（　　　　）日本語が下手すぎるな。

② 何度も注意しました。（　　　　）聞いてくれませんでした。

③ 何度も注意した（　　　　）、聞いてくれなかった。

④ 会社では部長に叱られ、（　　　　）財布も落として、今日は踏んだり蹴ったりだ。

⑤ 寝坊は気のゆるみから起こるものです。（　　　　）私だってたまにはしますけどね。

にしては　　が　　おまけに　　もっとも　　でも

⑥ 趣味は自分で皿や茶わんを作ることです。（　　　）そのカップも私が作りました。

⑦ あのビルとビルの間、（　　　　）真西の方角に金星が見えます。

⑧ 会議の後のパーティーには参加されますか。（　　　　）すぐに帰られますか。

⑨ 秋の旅行ですが、私は10月がいいです。（　　　　）私の会社は毎年9月がすごく忙しいんです。

⑩ さあ、これで会議の資料、完成だな。（　　　　）一杯、飲みに行くとするか。

さて　　つまり　　それとも　　ちなみに　　というのは

＊気のゆるみ：注意力や緊張感がないこと。
＊踏んだり蹴ったり：悪いことが続くことを嘆く表現。
＊真西：ちょうど西。正しく西であること。

練習問題・4

下の語から最も適当なものを選び、（　　）に書きなさい。

⇒答えは p.53

① 夫は料理は作ってくれます。（　　　　）後片付けをしないんです。

② 店長に頼んでみましたが、相手にしてもらえなかったんです。（　　　　）思い切って社長に言ってみたんです。

③ 私は女性の関西弁が好きなんです。優しくて、とてもソフトですから。（　　　　）妻は京都出身です。

④ あなたの言っていることがよくわからないんだけど…。（　　　　）明日は手伝えないってこと？

⑤ 皆さんも携帯電話の画面ばかり見ないようにしてくださいね。（　　　　）前回の課題は用意してきましたか。

それで　ちなみに　つまり　それはさておき　けれども

⑥ 電車の中でお年寄りに席を譲ったら、「年寄り扱いするな」と（　　　　）叱られてしまった。

⑦ チラシにわからない単語があったんです。（　　　　）さっそく、最近買った辞書で調べてみました。

⑧ お店の人に道を尋ねたら、親切に地図を書いてくれました。（　　　　）途中まで一緒に来てくれたんです。

⑨ 外国語の学習では慣れることがとても大切で、有効です。（　　　　）覚えた言葉はすぐ使ってみろということです。

⑩ うちのボスは仕事がよくできるし、優しい。（　　　　）熱心なあまり完璧を求めるから、ときどき困るんです。

そこで　要するに　ただ　そればかりか　反対に

⑪ 酒をとるか、(　　　　) 人生をとるか。

⑫ ・・・かしこまりました。女性3名、男性2名で明日6時より予約をお取りしました。(　　　　) 明日、お待ちしております。

⑬ これはとても体にいい食べ物なんです。(　　　　) ミネラルを豊富に含んでいるからです。

⑭ 田中教授は緊急の手術が入りました。(　　　　) 本日の授業は休講となりました。

⑮ ・・・以上で本日の講義は終了します。(　　　　) 何か質問があれば、資料に書いてあるアドレスにメールを送ってください。

| あるいは　　というのは　　なお　　それでは　　そのため |

練習問題・5

次の文の前の事柄（A）に合うように文を完成させてください。
　　※ヒントの言葉を使ってください（適当な形に変えたり、言葉を足したりしてください）。

⇒答えは p.54

① うそは常に許されないとはいえない。逆に＿＿＿＿＿＿＿＿＿＿＿＿＿＿＿＿＿＿＿＿。
　　※ヒント：必要

② メイン料理はお肉になさいますか、それとも＿＿＿＿＿＿＿＿＿＿＿＿＿＿＿＿＿＿。
　　※ヒント：お魚

③ 初級文法は外国語学習の基本になる。したがって＿＿＿＿＿＿＿＿＿＿＿＿＿＿＿＿＿。
　　※ヒント：正確に身につける

④ 彼女は私の父の妹、すなわち＿＿＿＿＿＿＿＿＿＿＿＿＿＿＿です。
　　※ヒント：私の〜

⑤ 弁当を食べなかったのは悪かったよ。でも＿＿＿＿＿＿＿＿＿＿＿＿＿＿＿＿＿＿。
　　※ヒント：食べる時間

⑥ もう12時を回ってるのか…。さて、そろそろ＿＿＿＿＿＿＿＿＿＿＿＿。
　　※ヒント：寝る

⑦ 日本に10年住んでいるにしては＿＿＿＿＿＿＿＿＿＿＿＿＿＿＿＿＿＿＿＿＿。
　　※ヒント：日本語

⑧ 日本に5年住んでいるにしても＿＿＿＿＿＿＿＿＿＿＿＿＿＿＿＿＿＿＿＿＿。
　　※ヒント：日本語

⑨ 親でもないくせに＿＿＿＿＿＿＿＿＿＿＿＿＿＿＿＿＿＿＿＿＿＿＿＿＿＿。
　　※ヒント：うるさく言う

⑩ ・・・じゃ、後でA社に確認しておきます。それはそうと＿＿＿＿＿＿＿＿＿＿＿＿＿＿。
　　※ヒント：風邪の具合

⑪ 最初、納豆は口に合わないと思っていた。ところが、＿＿＿＿＿＿＿＿＿＿＿＿＿＿＿
＿＿＿＿＿＿＿＿＿＿＿＿＿。
　　※ヒント：食べてみる

⑫ 計画は予定通り進められている。しかしながら、住民の理解を＿＿＿＿＿＿＿＿＿＿＿＿
＿＿＿＿＿＿＿。
　　※ヒント：十分得る

第1章 文法の復習

UNIT 4 敬語

1 敬語は誰に使うのか？

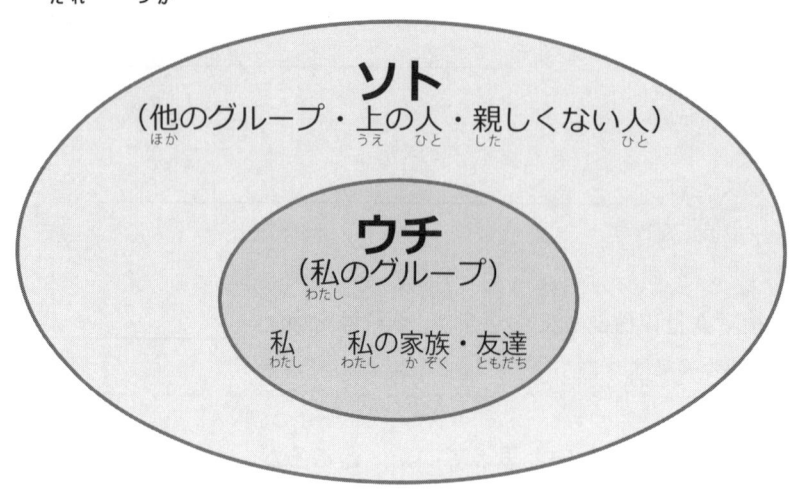

ソト
（他のグループ・上の人・親しくない人）

ウチ
（私のグループ）

私　　私の家族・友達

尊敬語	ソトの人の動作に使う 例 先生が 言いました → おっしゃいました
謙譲語	私・ウチの人の動作に使う 例 私が 言いました → 申しました
丁寧語	誰に対しても丁寧に話すとき使う 例 家 は どこ ですか → お宅 は どちら ですか

* 尊敬語 honorific language ／尊敬语／ từ kính trọng
* 謙譲語 humble language ／自谦语／ từ khiêm nhường
* 丁寧語 polite language ／礼貌语／ từ lịch sự

2 尊敬語の種類

A．特別の形
B．「（動詞＋）れる・られる」を使った形   } 敬意が強いのはC→A→B
C．お ます形 になります

	特別の形	受身形	お〜になります
行きます	いらっしゃいます	行かれます	おこしになります
来ます	いらっしゃいます	来られます	おこしになります
います	いらっしゃいます	いられます	———
あります	———	———	おありになります
食べます	召し上がります	食べられます	お召し上がりになります
飲みます	召し上がります	飲まれます	お召し上がりになります
吸います	召し上がります	吸われます	お召し上がりになります
言います	おっしゃいます	言われます	———
知っています	ご存知です	———	———
見ます	———	見られます	ご覧になります
着ます	———	着られます	お召しになります
します	なさいます	されます	———
寝ます	———	寝られます	お休みになります
休みます	———	休まれます	お休みになります
座ります	———	座られます	おかけになります
持ちます	———	持たれます	お持ちになります
持ってきます	———	持ってこられます	お持ちになります
死にます	———	亡くなられます	お亡くなりになります
買います	———	買われます	お求めになります
起きます	———	起きられます	お目覚めになります
話します	———	話されます	お話しになります
書きます	———	書かれます	お書きになります
待ちます	———	待たれます	お待ちになります
使います	———	使われます	お使いになります
読みます	———	読まれます	お読みになります

注意
1. 上記以外のほとんどの動詞は「（動詞＋）れる・られる」と「お〜になる」の形がある。
2. 「いらっしゃる」「なさる」「おっしゃる」が辞書形で、本来なら、ます形は「いらっしゃります」「なさります」「おっしゃります」になるが、「いらっしゃいます」「なさいます」「おっしゃいます」の形で使う。

3 謙譲語の種類

A．特別の形
B．お ます形 します } 敬意が強いのはA→C→B
C．使役形を使った形

	特別の形	お～します	使役形～ていただきます
言います（～と言います）	申します	———	———
言います（相手に直接）	申し上げます	———	言わせていただきます
食べます	いただきます	———	食べさせていただきます
飲みます	いただきます	お飲みします	飲ませていただきます
会います	お目にかかります	お会いします	会わせていただきます
聞きます（質問する）	伺います	お聞きします	聞かせていただきます
聞きます（話などを聞く）	拝聴します	お聞きします	聞かせていただきます
引き受けます	承ります	お引き受けします	引き受けさせていただきます
見ます	拝見します	———	見させていただきます
あげます	差し上げます	———	———
行きます・来ます	参ります	———	行かせていただきます
行きます（相手のいる場所に）来ます	伺います	———	来させていただきます
います	おります	———	いさせていただきます
します	いたします	———	させていただきます
知っています	存じています / 存じ上げています	———	———
買います	求めます	———	買わせていただきます
持ちます	———	お持ちします	持たせていただきます
持ってきます	持参します	———	持ってこさせていただきます
寝ます	休みます	———	休ませていただきます
休みます	———	———	休ませていただきます
座ります	———	———	座らせていただきます
読みます	拝読します	お読みします	読ませていただきます

注意
1．ひらがな一字の動詞（例「み・ます」「ね・ます」）以外は「お～する」の形が作れる。
2．Cの使役形を使った形の場合、「～してもいいか」と許可を受ける意味もある（例 座らせていただきます）。

4 丁寧語の種類

A. 敬意を表すもの

① 家族の呼び方

	相手の～	私の～
おじいさん	おじいさま	祖父
おばあさん	おばあさま	祖母
お父さん	お父さま	父
お母さん	お母さま	母
お兄さん	お兄さま	兄
お姉さん	お姉さま	姉
弟	弟さん	弟
妹	妹さん	妹

	相手の～	私の～
奥さん	奥さま	妻
主人	ご主人	夫
息子	息子さん・ご子息	息子
娘	娘さん・ご令嬢	娘
子供	お子さん・お子さま	子供
孫	お孫さん・お孫さま	孫

② 指示詞・疑問詞

この・その人	この・その方	ここ	こちら	どう	どのように
あの・どの人	あの・どの方	そこ	そちら	どこ	どちら
だれ	どなた	あそこ	あちら		

＊指示詞 demonstrative ／指示代词／ từ chỉ định

③「お」「ご」が付く言葉

ご～			お～		
ご自宅	ご住所	ご希望	お名前	お住まい	お宅
ご出席	ご来店	ご結婚	お話	お年	お顔
ご家族	ご両親	ご面倒	お時間	お元気	お食事
ご不便	ご連絡	ご興味	お仕事	お荷物	お上手
ご説明	ご報告	ご予定	お申込み	お忙しい	お元気な
ご兄弟	ご親切な		お好きな	おきれいな	お飲物

※ 一般的に、漢語（「〇〇する」や音読みを主とする二字熟語など）は「ご～」が多く、和語（訓読みやひらがなを含む語など）は「お～」が多い。

※「お」「ご」が付かないのは次のような場合。
　1）カタカナの言葉…プレゼント、ホテル、バッグ（例外：おビール）
　2）自然に関する言葉…お雨、お雲、お太陽（例外：お天気）
　3）「お」で始まる言葉…音、親

B. 慣用的に使うもの

日常的によく使う言葉の中には、敬意とは無関係に、付いている形のほうが普通、というものもある。

例 お金、お茶、お湯、お菓子、お酒、お米、お昼、お風呂、おつり、お尻

練習問題

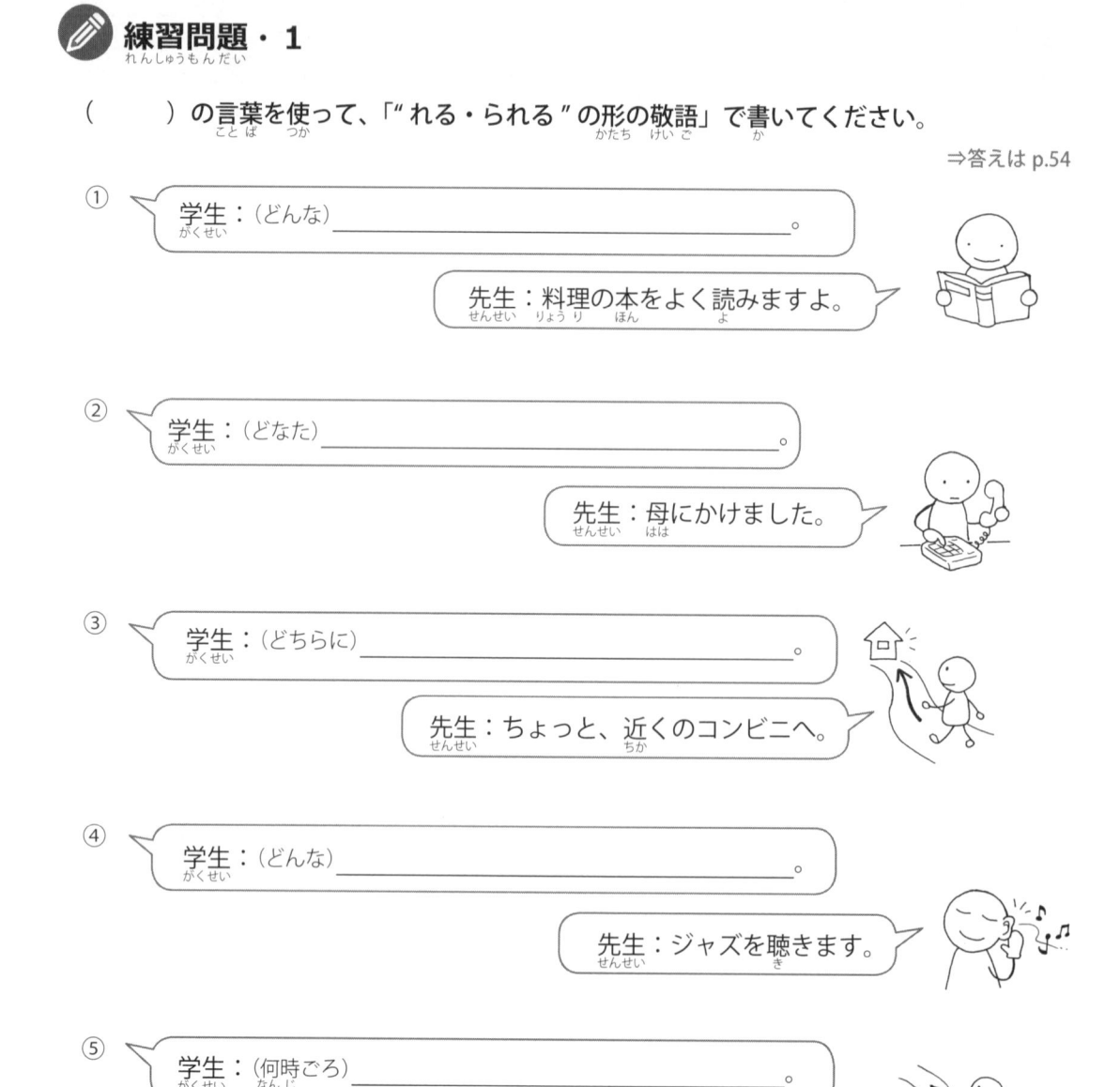

練習問題・1

（　　）の言葉を使って、「"れる・られる"の形の敬語」で書いてください。

⇒答えは p.54

① 学生：（どんな）＿＿＿＿＿＿＿＿＿＿＿＿＿＿＿＿＿＿。

　先生：料理の本をよく読みますよ。

② 学生：（どなた）＿＿＿＿＿＿＿＿＿＿＿＿＿＿＿＿＿＿。

　先生：母にかけました。

③ 学生：（どちらに）＿＿＿＿＿＿＿＿＿＿＿＿＿＿＿＿＿＿。

　先生：ちょっと、近くのコンビニへ。

④ 学生：（どんな）＿＿＿＿＿＿＿＿＿＿＿＿＿＿＿＿＿＿。

　先生：ジャズを聴きます。

⑤ 学生：（何時ごろ）＿＿＿＿＿＿＿＿＿＿＿＿＿＿＿＿＿＿。

　先生：12時ごろかな。

④ 敬語

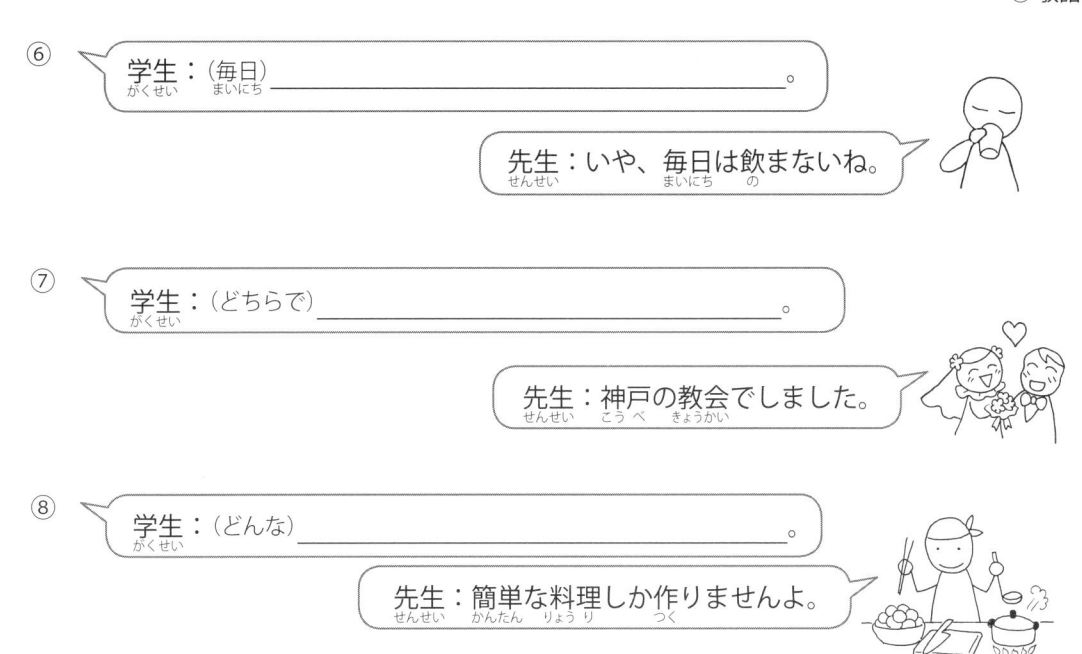

⑥ 学生：(毎日)_____。

先生：いや、毎日は飲まないね。

⑦ 学生：(どちらで)_____。

先生：神戸の教会でしました。

⑧ 学生：(どんな)_____。

先生：簡単な料理しか作りませんよ。

練習問題・2

「お～になる」「お～する」を使って書いてください。

⇒答えは p.54

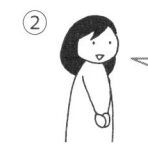

① 社長、お飲物を_____すか。

ありがとう。じゃ、コーヒーをもらおうか。

② 報告書はもう_____ましたか。

うん、もう読んだよ。

③ 課長に_____。

いや、まだ話していない。

④ タクシーを_____ましょうか。

お願いします。急いでるので。

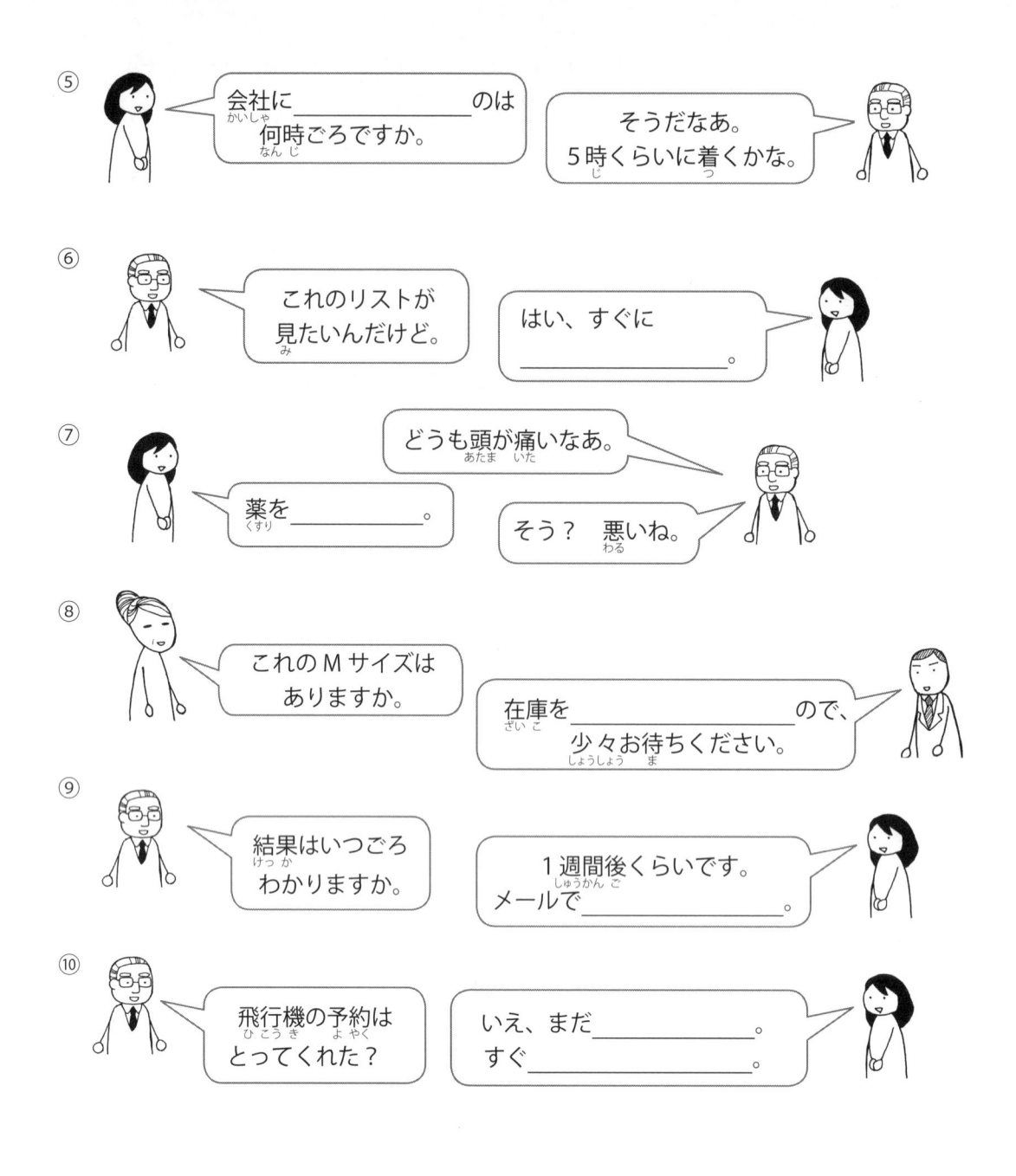

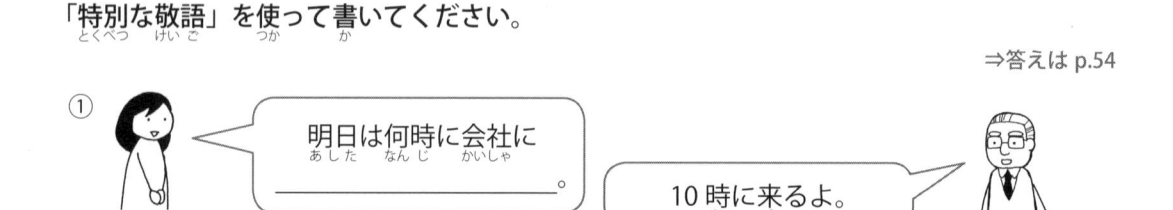

⑤ 会社に＿＿＿＿＿＿のは何時ごろですか。
そうだなあ。5時くらいに着くかな。

⑥ これのリストが見たいんだけど。
はい、すぐに＿＿＿＿＿＿。

⑦ どうも頭が痛いなあ。
薬を＿＿＿＿＿＿。
そう？　悪いね。

⑧ これのMサイズはありますか。
在庫を＿＿＿＿＿＿ので、少々お待ちください。

⑨ 結果はいつごろわかりますか。
1週間後くらいです。メールで＿＿＿＿＿＿。

⑩ 飛行機の予約はとってくれた？
いえ、まだ＿＿＿＿＿＿。すぐ＿＿＿＿＿＿。

練習問題・3

「特別な敬語」を使って書いてください。

⇒答えは p.54

① 明日は何時に会社に＿＿＿＿＿＿。
10時に来るよ。

④ 敬語

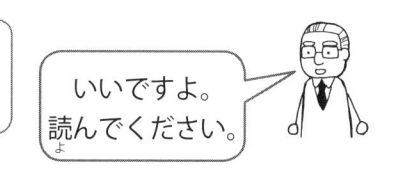

② この資料、後で見ておいて。
はい、＿＿＿＿＿＿。

③ これ、おいしいから食べてみて。
ありがとうございます。
＿＿＿＿＿＿＿＿＿＿＿＿。

④ A会社の田中社長を＿＿＿＿＿＿＿か。
ええ、知ってますよ。

⑤ 日曜日はご自宅に＿＿＿＿＿＿＿か。
ええ、います。

⑥ 今日のお昼ご飯は何に＿＿＿＿＿＿＿か。
うどんにしようかな。

⑦ 昨日のサッカーの試合、＿＿＿＿＿＿＿＿か。
いや、見られなかったんだよ。

練習問題・4

「使役を使った謙譲表現」で書いてください。

⇒答えは p.54

① 先生のお部屋にあるご本を＿＿＿＿＿＿＿たいんですが…。
いいですよ。読んでください。

② このパソコンを＿＿＿＿＿＿＿たいんですが…。
どうぞ、使ってください。

③ この資料を＿＿＿＿＿＿＿＿たいんですが…。

いいですよ。コピーしても。

④ 先生のお写真を＿＿＿＿＿＿＿＿たいんですが…。

撮ってくれるの？うれしいな。

練習問題・5

敬語を使って答えてください。

⇒答えは p.54

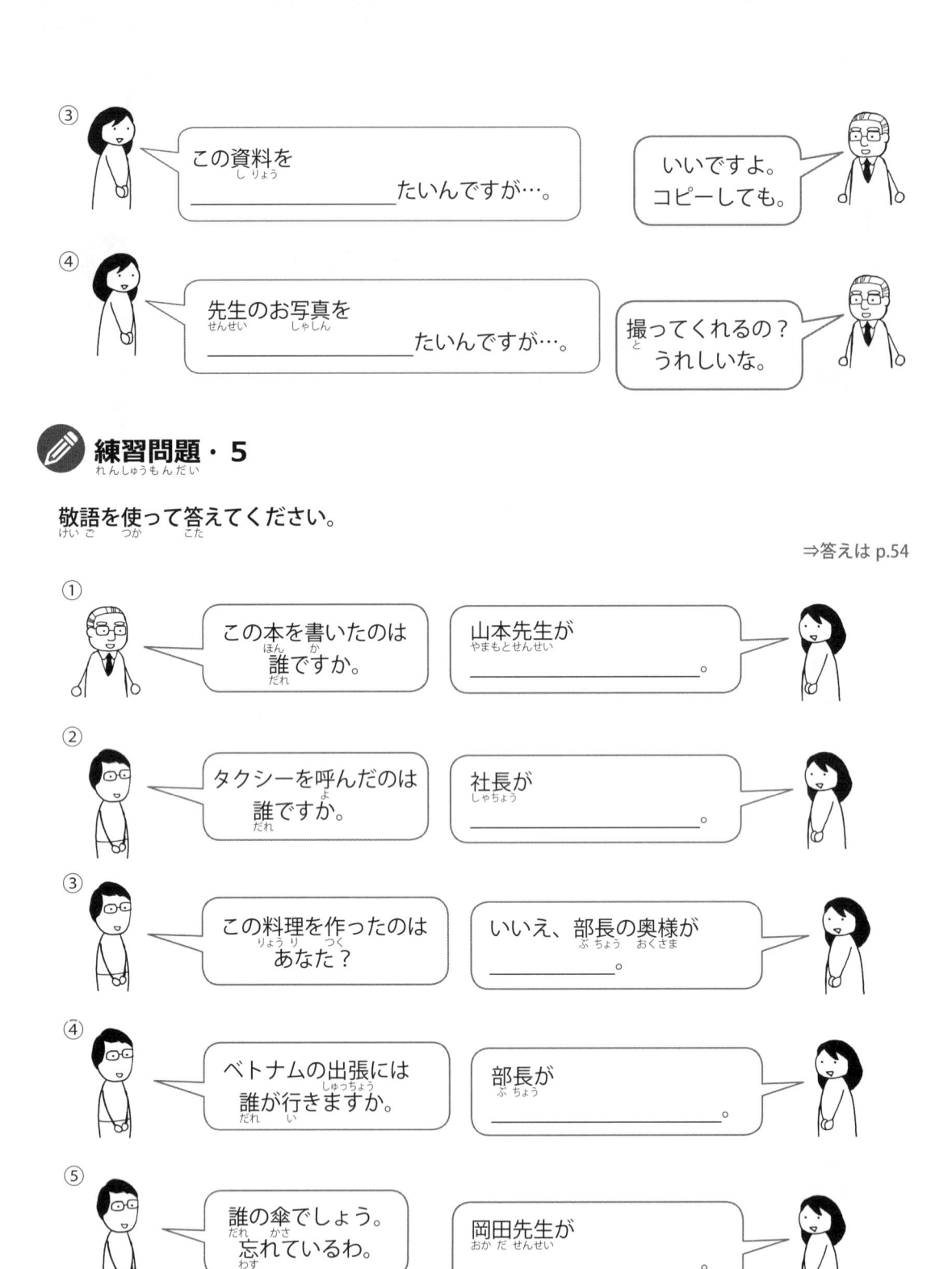

① この本を書いたのは誰ですか。

山本先生が＿＿＿＿＿＿＿＿。

② タクシーを呼んだのは誰ですか。

社長が＿＿＿＿＿＿＿＿。

③ この料理を作ったのはあなた？

いいえ、部長の奥様が＿＿＿＿＿＿＿＿。

④ ベトナムの出張には誰が行きますか。

部長が＿＿＿＿＿＿＿＿。

⑤ 誰の傘でしょう。忘れているわ。

岡田先生が＿＿＿＿＿＿＿＿。

④ 敬語

練習問題・6

下線部の下に示した言葉を使って、会話を作文してください。

⇒答えは p.54

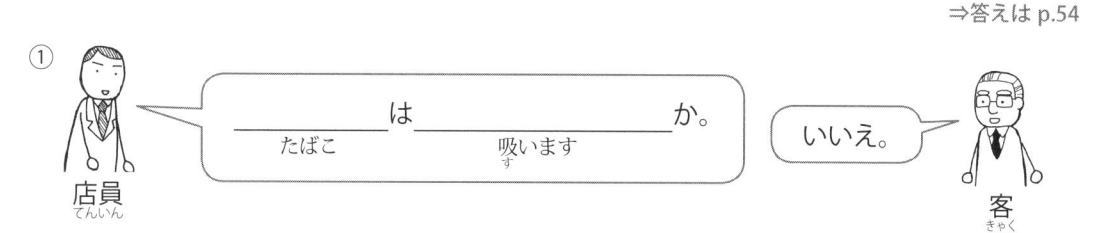

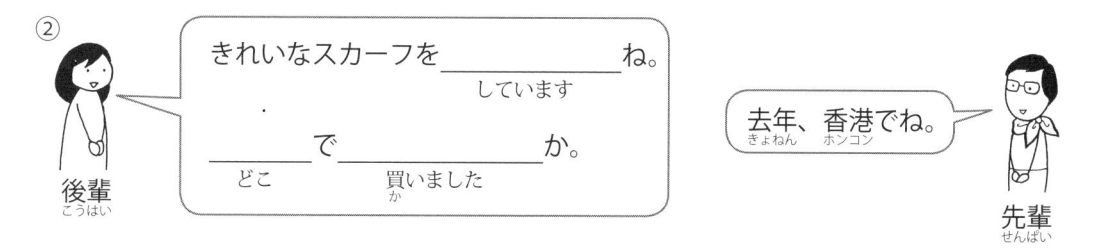

① 店員：＿＿＿＿＿は＿＿＿＿＿か。
　　　　たばこ　　　吸います
　客：いいえ。

② 後輩：きれいなスカーフを＿＿＿＿＿ね。
　　　　　　　　　　　　　　　しています
　　　　＿＿＿＿＿で＿＿＿＿＿か。
　　　　　どこ　　　買いました
　先輩：去年、香港でね。
　　　　きょねん　ホンコン

③ 部下：部長は＿＿＿＿＿を＿＿＿＿＿か。
　　　　ぶちょう　　酒　　　飲みます
　部長：うん、ワインを少し。

④ あなた：おはようございます。いつも何時ごろ＿＿＿＿＿か。
　　　　　　　　　　　　　　　　　　　　　　　起きます
　近所の人：そうですね、5時か6時ごろでしょうか。

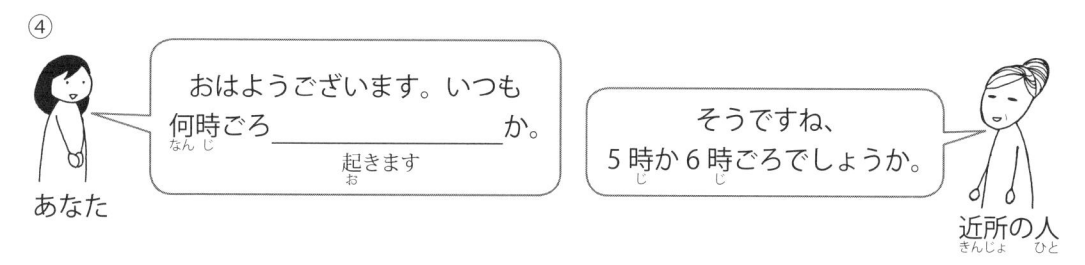

⑤ 秘書：明日、A社の社長に＿＿＿＿＿か。
　　　　あす　　　　　　　　会います
　社長：うん、そうしよう。

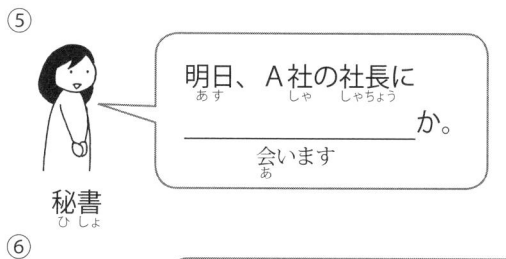

⑥ 後輩：遅れてすみません。＿＿＿＿＿か。
　　　　おく　　　　　　　　待ちました
　先輩：ううん、私も今来たところ。

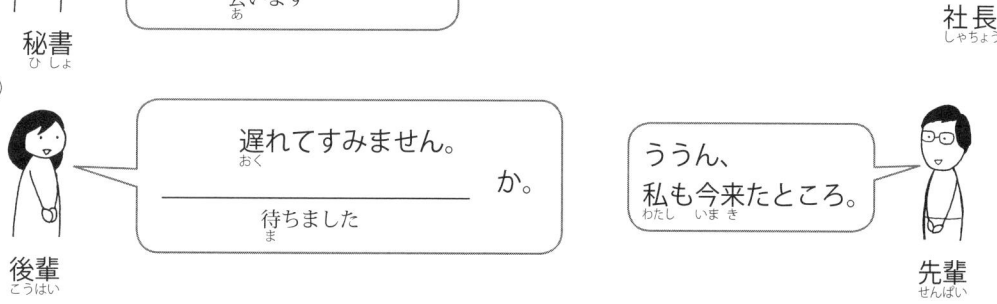

第1章 文法の復習

練習問題の答え

UNIT 1 助詞

A 主語や目的語に付く助詞

Aの練習問題
① へ に
② で に を
③ が より から に
④ で と より

B 量や範囲、程度を表す助詞

Bの練習問題
① ぐらい まで
② やら やら
③ なり

C 量や範囲、程度を表す助詞

Cの練習問題
① さえ は
② でも しか
③ こそ

D 文と文をつなぐ助詞

Dの練習問題
① し から／し／ので
② たり たり
③ ので

E 文や句の終わりにつく助詞

Eの練習問題
① ぞ
② か

応用問題

応用問題・1
① で が
② は が に／から ので に
③ に を か
④ で は
⑤ で を に に／へ
⑥ の は も も／さえ／しか
⑦ に が も／さえ／が
⑧ の は に ても
⑨ の は ほど と が／は

応用問題・2
① 食べても
② なったら スキーをしたり 温泉に入ったり
③ 行きたいか
④ 働きながら
⑤ 起こらないか 考えるだに
⑥ わからなかったら／わからないなら 調べるなり 聞くなり
⑦ 調べながら 行ったのに
⑧ 戻れることになったので 参加できると

UNIT 2 副詞

A 状態・様子を表す副詞

Aの練習問題
① a
② b
③ b
④ a
⑤ a
⑥ b
⑦ a
⑧ b
⑨ b
⑩ a
⑪ b
⑫ b
⑬ a
⑭ b
⑮ b

練習問題の答え

B 程度を表す副詞

Bの練習問題
① b　⑨ b
② b　⑩ b
③ a　⑪ b
④ b　⑫ b
⑤ a　⑬ b
⑥ a　⑭ a
⑦ b　⑮ a
⑧ b

C 陳述の副詞

Cの練習問題
① b　⑨ a
② a　⑩ a
③ b　⑪ b
④ b　⑫ a
⑤ a　⑬ b
⑥ b　⑭ a
⑦ b　⑮ a
⑧ b

D 機能別副詞一覧

Dの練習問題
① きっと　⑨ ちっとも
② まさか　⑩ それほど
③ まったく　⑪ めったに
④ どんなに　⑫ いやいや
⑤ あながち　⑬ うっかり
⑥ 今にも　⑭ たびたび
⑦ どうやら　⑮ さっぱり
⑧ いちがいに

UNIT 3 接続詞

練習問題

練習問題・1
① ならびに　⑨ もっとも
② さらに　⑩ ところが
③ 一方　⑪ くせに
④ もしくは　⑫ それに
⑤ だって　⑬ なぜなら
⑥ かつ　⑭ にしては
⑦ そして　⑮ ただし
⑧ すなわち

練習問題・2
① にもかかわらず　⑨ ものを
② それでは　⑩ また
③ それどころか　⑪ しかも
④ それはそうと　⑫ それから
⑤ しかし　⑬ それでも
⑥ からといって　⑭ ものの
⑦ ところで　⑮ および
⑧ そのうえ

練習問題・3
① にしては　⑥ ちなみに
② でも　⑦ つまり
③ が　⑧ それとも
④ おまけに　⑨ というのは
⑤ もっとも　⑩ さて

練習問題・4
① けれども　⑨ 要するに
② それで　⑩ ただ
③ ちなみに　⑪ あるいは
④ つまり　⑫ それでは
⑤ それはさておき　⑬ というのは
⑥ 反対に　⑭ そのため
⑦ そこで　⑮ なお
⑧ そればかりか

53

練習問題・5
（解答例）
① 必要な場合もある
② お魚になさいますか
③ 正確に身につけることが大切だ
④ 私のおばにあたるん
⑤ 食べる時間がなかったんだ
⑥ 寝るとするか
⑦ 日本語がうまくないね
⑧ 日本語がうますぎだろう
⑨ うるさく言わないでくれ
⑩ 風邪の具合はいかがですか
⑪ 食べてみると意外においしいと思った
⑫ 十分得ているとは言えない

UNIT 4 敬語

練習問題

練習問題・1
① どんな本を読まれますか。
② どなたにかけられましたか。
③ どちらに行かれますか。
④ どんな音楽を聞かれますか。
⑤ 何時ごろ帰られますか。
⑥ 毎日、飲まれますか。
⑦ どちらで結婚式をされましたか。
⑧ どんな料理を作られますか。

練習問題・2
① お飲みになり
② ご覧になり
③ お話しになりましたか
④ お呼びし
⑤ お着きになる
⑥ お持ちします
⑦ お持ちしましょうか
⑧ お調べします
⑨ お知らせします
⑩ お取りしていません／お取りします

練習問題・3
① いらっしゃいますか
② 承知いたしました
③ いただきます
④ ご存知です
⑤ いらっしゃいます
⑥ なさいます
⑦ ご覧になりました

練習問題・4
① 読ませていただき
② 使わせていただき
③ コピーさせていただき
④ 撮らせていただき

練習問題・5
① 書かれました／お書きになりました
② 呼ばれました／お呼びになりました
③ 作られました／お作りになりました
④ 行かれます／お行きになります／いらっしゃいます
⑤ お忘れになっています／お忘れです

練習問題・6
① おたばこ　吸われます／お吸いになります
② なさっています　どちら　お求めになりました
③ お酒　召し上がります
④ 起きられます／お起きになります／お目覚めになります
⑤ お会いになります／会われます
⑥ お待ちになりました／待たれました

PART 1 基礎編

第2章 N2・N3 文型の復習

- UNIT 1 復習・1
- UNIT 2 復習・2
- UNIT 3 復習・3
- UNIT 4 復習・4
- UNIT 5 復習・5
- UNIT 6 復習・6
- UNIT 7 復習・7
- UNIT 8 復習・8
- UNIT 9 復習・9
- UNIT 10 復習・10
- UNIT 11 復習・11
- UNIT 12 復習・12

練習の答え

第2章 N2・N3 文型の復習

UNIT 1 復習・1

1 ___A___ ものだから ___B___
動詞　形容詞

〈A という事情があったので、自然と行動 B に至った〉と言い訳をする表現。

① 電気がついていなかった**ものだから**、部屋に誰もいないと思ったよ。
② 先生の頭にハエが止まった**ものだから**、つい笑っちゃった。

2 ___A___ ものの ___B___
動詞　形容詞
名詞　文

___A___ だけど ___B___ 。プラスの評価を示しながら、消極的な結論を述べる。

① あの店はおいしくて雰囲気もいい**ものの**、行くのが不便だ。
② A 大学の入学試験は、科目は少ない**ものの**、どれも難しいという話だ。

3 ___A___ ものなら ___B___
動詞・可能形

___A___ が可能なら ___B___ 。実現が不可能と思われることを仮定する表現。

① できる**ものなら**今すぐ国に帰って、両親に会いたい。
② おまえなんか T 大学に入るのは無理だ。入れる**ものなら**入ってみろ。

4 ___A___ ものがある
動詞・辞書形／ない／た形

___A___ という価値や魅力、意味、性質がある。

① この街の発展には目を見張る**ものがある**。
② 彼女の歌には、並んででも聴きたいと思わせるだけの**ものがある**。

5 ___A___ ものではない
動詞・辞書形／可能た形
形容詞

___A___ するのは間違っている、許されないことだ。とても ___A___ できない。

① 子供の前であんな乱暴な口の利き方をする**ものではない**。
② 彼女の作る料理はどれも辛くて、食べられた**ものではなかった**。

6 ___A___ というものでもない
動詞　形容詞
名詞

「A と思いがちだが、そうでもない」という意味。

① この仕事は簡単そうに見えるが、誰でもできる**というものでもない**。
② 若い女性はダイエットをしたがるが、やせていればきれいだ**というものでもない**。

7 A ことだ
動詞・辞書形／ない形

① 友達をつくりたかったら、自分から積極的に話しかける**ことだ**。
② 大きな成功を得たければ、失敗を恐れない**ことだ**。

8 A ことか
動詞　形容詞　名詞

疑問詞とともに使い、A を深く感じる気持ちを表す。

① この実験を成功させるために何度失敗を繰り返した**ことか**。
② どんなに（あなたに）会いたかった**ことか**。

9 A ことから B
動詞　形容詞

A が理由・原因で A という結果になった

① 無理に事業を拡大した**ことから**、この会社は倒産してしまった。
② この橋は、形が似ている**ことから**「めがね橋」とも言われている。

10 A ことなく
動詞・辞書形

A しないで。A が起こらないで。

① このチームは、一度も負ける**ことなく**、決勝まで勝ち進んだ。
② 今年のお祭りは、雨に降られる**ことなく**、無事、全日程を終了した。

✎ 確認ドリル・1

次の文の（　）に入れるのに最もよいものを、1・2・3・4 から一つ選びなさい。

⇒答えは p.80

① テレビショッピングで見て便利そうだと買ってみた（　　　）、全然使っていないものがたくさんある。

　　1　ものだから　　　2　ものの　　　3　ものなら　　　4　ものがある

② 失恋を忘れたいのなら、一生懸命仕事に打ち込む（　　　）。

　　1　ことだ　　　2　ことか　　　3　ことから　　　4　ことなく

＊失恋：好きな人と交際できない、または、交際していたのをやめる、という結果になること。
＊〜に打ち込む：〜（すること）に気持ちを集中する

第2章 N2・N3 文型の復習

UNIT 2 復習・2

1 Aたところ B
動詞・た形

Aしたら、結果、Bになった。Aの範囲ではBだ。

① パーティーの司会を彼女に頼んでみ**たところ**、気持ちよく引き受けてもらえた。
② 私が見**たところ**、どうやらあの二人はけんかをしているようだ。

2 Aたところで B
動詞・た形

Aしても、結局、不満足な結果Bにしかならない。

① 今から走っ**たところで**、どうせ間に合わないだろう。
② こんな豪華なネックレス、買っ**たところで**つけていくところがない。

3 A どころか B
動詞
形容詞
名詞

予想や期待（A）と違うだけでなく、反対の結果（B）になること。

① ダイエットしたのに、やせる**どころか**太ってしまった。
② （独身だと思っていたが）彼は結婚している**どころか**、三人の子供の父親です。

4 A どころではない
動詞・辞書形／ている形
形容詞
名詞

「程度や状況が普通でなく、Aというようなレベルではない」という意味。

① この車は300万円**どころではない**。2000万円はする。
② 頭が痛くて勉強**どころではない**。

5 A わけだ
形容詞
名詞

「状況から考えてAという結果になるのは当然だ」という気持ちを表す。

① 間食が多いからやせられない**わけだ**。
② 彼は人の悪口ばかり言うから友達がいない**わけだ**。

＊間食：食事と食事の間に

6	__A__ わけではない 動詞 形容詞 名詞	状況から考えられる A ではない。A（がその理由）ということではない。

① 一人暮らしをしているが、家族や友達がいない**わけではない**。
② メガネをかけているが、目が悪い**わけではない**。

7	__A__ わけにはいかない 動詞・辞書形・ない形 名詞	事情があって A できない。

① ダイエット中なので、これを食べる**わけにはいかない**。
② 上司がおりませんので、私の判断でお返事をする**わけにはいかない**のです。

8	__A__ わけがない 動詞　形容詞 名詞	A はずがない。

② 彼は絶対来るって言ってたから、休む**わけがない**。
② これだけの荷物を今日中に片づけるなんて、できる**わけがない**。

✏️ 確認ドリル・2

次の文の（　　）に入れるのに最もよいものを、1・2・3・4から一つ選びなさい。

⇒答えは p.80

① この企画案、会議で提出し（　　　　）、あの課長がいいと言うはずもないなあ。

　1　たところ　　　　　　　　　2　たところで
　3　どころか　　　　　　　　　4　どころではない

② 彼女は5年も中国で働いていたんだ。中国語が話せない（　　　　）。

　1　わけだ　　　　　　　　　　2　わけではない
　3　わけにはいかない　　　　　4　わけがない

第2章
N2・N3
文型の復習

UNIT 3 復習・3

1 __A__ だけに __B__
動詞
形容詞
名詞

__A__ という理由があるから、当然 __B__ 。

① 人気があるだけに、あの店に入るためには並ぶ覚悟が必要だ。
② 彼は若いだけに、徹夜をしても全く平気みたいだね。

2 __A__ だけあって __B__
動詞
形容詞
名詞

__A__ ということから予想されるとおり __B__ 。さすがだと感心する気持ちを含む。

① プロを目指していただけあって、彼女のピアノはすごい。
② 人気企業だけあって、あの会社を希望する人は多いらしい。

3 __A__ だけのことはある
動詞
形容詞
名詞

__A__ という納得できる理由がある。

① 本物だけのことはある。このダイアモンドは輝きが違う。
② 熱帯地方だけのことはある。朝から湿気がすごい。

4 __A__ からこそ __B__
動詞
形容詞
名詞

__B__ という結果は __A__ という強い理由による。

① あなたのことを心配しているからこそ、うるさく言うのです。
② 厳しい練習をしているからこそ、あんなすばらしい演技ができるのだ。

5 __A__ からには __B__
動詞
形容詞
名詞

__A__ という状況・条件があるのだから、__B__ が望めるはずだ。

① 何年もアメリカに住むからには英語をマスターして帰って来いよ。
② 約束したからには、必ず実行します。

6 　A からして B
名詞

代表的な A が B なのだから、ほかも B だろう。

① あの兄弟は 3 人ともすごく背が高い。母親**からして**普通の男性より高いからね。
② この辺りは景気があまりよくない。駅前のデパート**からして**客が少ない。

7 　A からといって B
動詞　形容詞
名詞

A を理由に B できない。

① 疲れた**からといって**簡単に会社は休めない。
② 一番に来た**からといって**チケットは手に入りません。抽選です。

8 　A からといって B
動詞　形容詞
名詞

A という理由があるので B 。A という理由があっても B 。

① 契約を取りたい**からといって**、ルールを破ってはいけない。
② カロリーが高い**からといって**、好物のピザを食べさせてもらえない。

＊カロリー：calories ／卡路里／ca-lo
＊好物：好きな物。特に食べ物や飲み物。

9 　A からすると B
名詞

A の立場・判断材料から考えると B 。

① 教師**からすると**、成績がいいより努力する学生のほうがいい。
② 彼女の態度**からすると**、あの二人は恋人同士だ。

✏️ 確認ドリル・3

次の文の（　　）に入れるのに最もよいものを、1・2・3・4から一つ選びなさい。

⇒答えは p.80

① 皆さまのご支援やご協力があった（　　　　）、ここまで頑張ることができました。どうもありがとうございました。

1　だけに　　　　　　　　　　　　2　だけあって
3　だけのことはある　　　　　　　4　からこそ

② このにおい（　　　　）今晩はカレーライスだな。

1　からには　　　2　からこそ　　　3　からすると　　　4　からといって

第2章
N2・N3
文型の復習

UNIT 4 復習・4

1 __A__ かぎり **B**
動詞・辞書形／ている形
名詞

__A__ という限定された範囲のうちでは __B__ 。

① お酒をやめない**限り**、この病気は治りません。
② ここにいる**限り**、食べ物の心配はしなくてもいいです。

2 __A__ にかぎり **B**
名詞

__A__ に限定して __B__ 。

① このホテルは学生**に限り**、半額です。
② 使用していない場合**に限り**、返品を受け付けます。

3 __A__ かぎり(は) **B**
動詞・辞書形／ている形
名詞

__A__ という条件であるなら、当然 __B__ 。

① 日本に留学する**限り**、日本語をしっかり身に着けたい。
② 謝らない**限り**、あなたを許しません。

4 __A__ とはかぎらない
動詞
形容詞
名詞

__A__ と決めつけることはできない。

① ここにいる人がみんなあなたに賛成**とは限らない**。
② 女性だから買い物が好き**とは限らない**ですよ。

5 __A__ ばかりでなく
動詞
形容詞
名詞

__A__ だけではなく。

① 若者**ばかりでなく**、老人や子供たちも冬の海に入っていった。
② 公共交通機関には、便利さや安全性**ばかりでなく**、環境への配慮も求められる。

6 　A ばかりか

動詞
形容詞
名詞

A だけではなく。

① その法案には、与党**ばかりか**一部の野党も賛成に回った。
② 雨**ばかりか**、風も強さを増してきた。

＊法案：bill／法案／dự luật
＊与党：ruling party／执政党／đảng cầm quyền
＊野党：opposition party／反对／đảng đối lập
＊〜に回る：それまでと異なる立場に変わる

7 　A ばかりに B

動詞
形容詞

A ということだけが理由・原因で、望まない結果 B を招いた。

① バスに乗り遅れた**ばかりに**、留学に旅立つ友達に会えなかった。
② ちゃんと復習をしなかった**ばかりに**、最後のテストで不合格になってしまった。

確認ドリル・4

次の文の（　　）に入れるのに最もよいものを、1・2・3・4から一つ選びなさい。

⇒答えは p.80

① 5周年記念セール！　本日（　　　　）、全商品3割引き！

1　かぎり　　　　　　　　　　2　にかぎり
3　かぎりは　　　　　　　　　4　とはかぎらない

② 連絡するのを忘れた（　　　　）、その後もミスを重ねて、大変ご迷惑をおかけしました。

1　にかぎり　　2　ばかりか　　3　ばかりに　　4　かぎり

63

第2章
N2・N3
文型の復習

UNIT 5 復習・5

1 A ないことには B
動詞・ない形

A しないと B が成立しない。

① 彼が来**ないことには**会議が始められない。
② 雨が降ら**ないことには**収穫に大きな影響が出るだろう。

2 A ないことはない
動詞・ない形
形容詞
名詞

A ないと決まったわけではない、A の可能性はある。

① 頼まれれば、行か**ないことはない**。
② A社とB社の利害は一致しているから、交渉次第では合併し**ないこともない**。
＊合併：複数の会社などが一緒になり一つになること。

3 A ないではいられない
動詞・ない形

A しないでがまんすることができない。

① 店員の対応があまりにひどく、文句を言わ**ないではいられなかった**。
② 朝からとても寒くて、エアコンをつけ**ないではいられなかった**。

4 A ずにはいられない
動詞・ない形

A することを抑えられない、思わず A してしまう。

① 愛犬が玄関まで走って出迎えてくれたら、抱き上げ**ずにはいられない**。
② あの映画はとても怖くて、声を出さ**ずにはいられなかった**。
＊愛犬：かわいがっている犬。飼っている犬。

5 A よりほかない
動詞・辞書形
名詞

A しか方法がない、A するのは仕方がない。

① しばらく薬で治療してよくならなければ、手術する**よりほかない**。
② こっちがすべて悪いんだから、謝る**よりほかない**と思う。

6 　A　ざるを得ない

動詞・ない形

いやでも A するしかない。A するほかに方法がない。

① 大事な会議があったけど、インフルエンザにかかってしまい、休ま**ざるを得なかった**。
② どうしても休暇がとれないので、来月旅行に行くのはあきらめ**ざるを得ない**。

確認ドリル・5

次の文の（　）に入れるのに最もよいものを、1・2・3・4から一つ選びなさい。

⇒答えは p.80

① 野菜は好きではないが、食べ（　　　）。

1　ないことには　　　　　　　　2　ないことはない
3　ないではいられない　　　　　4　ずにはいられない

② 疲れがたまっているから家でゆっくり休みたいが、娘の初めてのピアノの発表会なので、行か（　　　）。

1　ずにすむ　　　　　　　　　　2　ざるを得ない
3　よりほかない　　　　　　　　4　ないことには始まらない

第2章 N2・N3 文型の復習

UNIT 6 復習・6

1 Aて たまらない
形容詞

（感覚や気持ちが）とても A で、がまんできないくらいだ。

① 蚊に刺されたところがかゆく**てたまらない**。
② 帰りの電車には酒に酔った客が大勢いて、臭く**てたまらなかった**。

2 Aて ならない
動詞・て形
形容詞

A という気持ちや感覚を抑えられない。

① ふるさとに帰りたく**てならない**。
② 公園の桜が1本だけ咲かないのが不思議**でならない**。

3 Aて しょうがない
動詞・て形
形容詞

A という気持ちや感覚を抑えられない。

① おじいさんは、初めてできた孫がかわいく**てしょうがない**という様子だった。
② 自分のミスで試合に負けてしまって、悔しく**てしょうがない**。

4 A ようがない
動詞・ます形

手段や方法がなくて A できない。

① 土砂崩れで道路が閉鎖されているので、車では行き**ようがない**。
② こんなにたくさんの仕事、一人でやり**ようがない**。

5 A にほかならない
動詞・ている形
名詞

まさに A だ、A 以外のものではない。

① 私に留学を勧めたのは、母**にほかならない**。
② あの会社を倒産させたのは、社長のワンマン経営**にほかならない**。

⑥復習・6

6 **A にすぎない**
動詞・た形／ている形
形容詞　名詞

A であるだけだ。A という小さい価値しかない。

① 10か国語が話せるといっても、簡単なあいさつ程度**に過ぎない**。
② 当たり前のことをした**に過ぎません**から。お礼なんていただけません。

7 **A にちがいない**
動詞　形容詞
名詞

きっとA、間違いなくA。

① 残された証拠から考えると、彼が犯人**に違いない**。
② この部屋にはついさっきまで誰かいた**に違いない**。

8 **A まい**
動詞・辞書形／ない形

A ないだろう
二度とA するつもりはない

① あれだけ怒っていたのだから、彼女は彼を許す**まい**。
② 死ぬかと思った。こんなに危険な場所にはもう来る**まい**。

✏️ 確認ドリル・6

次の文の（　）に入れるのに最もよいものを、1・2・3・4から一つ選びなさい。

⇒答えは p.80

① 一生懸命勉強していた友達が試験に落ちた。頑張ってきたことを知っているので、落ち込んでいる彼を見ても、励まし（　　　　）。

1　てたまらなかった　　　　2　てならなかった
3　てしようがなかった　　　4　ようがなかった

② 少し手伝った（　　　　）ので、そんなに感謝されたら、かえって困ります。

1　にほかならない　　　　2　にすぎない
3　にちがいない　　　　　4　まい

第2章
N2・N3
文型の復習

UNIT 7 復習・7

1 ___A___ うえは ___B___
動詞

| Aが決定的になったときはB。Bで選択肢や決意を表す。 |

① 仕事で失敗して会社に損害を与えた。こうなった**うえは**クビも覚悟している。
② この会に参加して一緒に活動する**うえは**、会のルールを守ってください。

2 ___A___ 以上 ___B___
動詞
形容詞　名詞

| Aだったら当然B。 |

① ロボットが機械である**以上**、故障は避けられない。
② 夫婦である**以上**、困難は協力して乗り越えなければならない。

3 ___A___ うえで ___B___
動詞・た形／辞書形
名詞

| Aの完了を前提にB。Aの前にBが必要。 |

① 書類を確認した**うえで**、ご連絡を差し上げます。
② 社会人になる**うえで**、いろいろ身につけなければならないことがあります。

4 ___A___ おかげで ___B___
動詞　形容詞　名詞

| Aが要因でBという良い結果になった。 |

① 先生の**おかげで**無事卒業することができました。
② この本を読んでいた**おかげで**慌てずに済んだ。

5 ___A___ せいで ___B___
動詞　形容詞　名詞

| Aが原因・理由でBという悪い結果になった。 |

① あなたの**せいで**電車に乗り遅れてしまったじゃないの。
② タバコの吸いすぎの**せいで**父はガンになってしまった。

6 ___A___ あまり ___B___
動詞・た形／辞書形
名詞

| とてもAなのでBという程度まで事態が進む。 |

① 子供が初めて熱を出した時は、心配の**あまり**、全く寝(ら)れませんでした。
② 合格の知らせを聞いた時は、喜びの**あまり**、思わず大声を上げた。

68

7　_A_　あげく　_B_
動詞・た形
名詞

望ましくない_A_を経た結果、_B_になった。

① 彼はお酒を飲みすぎて酔っ払った**あげく**、公園で寝込んでしまったらしい。
② 彼女はいろいろ迷った**あげく**、恋人へのプレゼントにネクタイを選んだ。

8　_A_　末に　_B_
動詞・た形
名詞

長く困難な_A_を経た結果、_B_になった。

① 話し合った**末に**、二人はとうとう離婚という結論を出した。
② 長い交渉の**末に**、やっと契約を結ぶことができた。

9　_A_　をきっかけに　_B_
動詞・た形
名詞

_A_を最初の機会として _B_ が始まる。

① 学生時代のサークル活動**をきっかけに**、環境問題に関心を持つようになった。
② A社との取引**をきっかけに**、世界中をマーケットにすることができた。

10　_A_　きり
動詞・た形

_A_ が最後だった、_A_ だけだ。

① 彼とは２か月前に会っ**たきり**だ。
② 友達と山に出かけたが、途中で見失い、一人**きり**になってしまった。

✎ 確認ドリル・7

次の文の（　　）に入れるのに最もよいものを、1・2・3・4から一つ選びなさい。

⇒答えは p.80

① では、提出していただいた書類を確認させていただいた（　　　　）お返事します。

　　1　うえは　　　　2　以上　　　　3　上で　　　　4　末に

② 社長は悩み抜いた（　　　　）他社との合併を決断した。

　　1　おかげで　　　　　　　　　2　せいで
　　3　末に　　　　　　　　　　　4　のをきっかけに

第2章 N2・N3 文型の復習

UNIT 8 復習・8

1 __A か Aないか のうちに__ B
動詞・辞書形 動詞・ない形

Aが完了したかどうか、はっきりしないようなうちにB。物事の早い様子を表す。

① 「おやすみ」と言う**か**言わ**ないかのうちに**、息子は寝息を立て始めた。
② 新しい場所に慣れる**か**慣れ**ないかのうちに**、また転勤することになった。

2 __A かと思うと/思ったら__ B
動詞・た形

AとBの時間差がほどんどないくらいすぐ。

① 息子は学校から帰ってきた**かと思ったら**、すぐ遊びに出て行ってしまった。
② 晴れた**かと思うと**降り出し、降っている**かと思うと**止み、落ちつかない天気だ。

3 __A たとたん__ B
動詞・た形

Aの後、急に、予期せぬB

① 薬を飲ん**だとたん**、男は苦しみだした。
② 大学に入っ**たとたん**、娘の服装が派手になり、化粧が濃くなった。

4 __A 際に__ B
動詞・た形／辞書形
名詞

Aの機会にB。AするときにB。

① 運賃は、降りる**際に**お支払いください。
② 今の部屋に引っ越す**際に**、親に少しお金を借りました。

5 __A につけ__ B
動詞・辞書形
名詞

Aの機会があればいつもB。

① この曲を聴く**につけ**、中学校の頃を思い出す。
② ゲームばかりする息子を見る**につけ**、何かスポーツをやらせればよかったと後悔する。

6 ☐☐ Aて以来 B
動詞・て形

Aした後、ずっとB。

① 日本に来**て以来**、田中さんにお世話になっている。
② あの映画を見**て以来**、一人で夜道を歩くのが怖くなった。

7 ☐☐ A に先だって B
名詞

Aの前の段階としてB。

① 家族**に先立って**、夫だけが赴任先に向かった。
② 新しいマンション建設**に先立って**、周辺住民への説明会が行われた。
＊赴任：moving to a new appointment／任命／tới nơi nhận chức

8 ☐☐ A 最中に B
動詞・ている形
名詞

ちょうどAをしているその時にB。

① お風呂に入っ**ている最中に**地震の揺れがあったので、思わず裸で飛び出した。
② 食事の**最中に**何度も席を立つのはマナー違反ですよ。

9 ☐☐ A 次第 B
動詞・ます形

Aしたら、すぐにB。

① 課長が戻り**次第**、ご連絡を差し上げます。
② 天候が回復し**次第**、競技を再開いたします。

✏️ 確認ドリル・8

次の文の（　）に入れるのに最もよいものを、1・2・3・4から一つ選びなさい。

⇒答えは p.80

① 入金が確認され（　　　）、商品を発送させていただきます。

 1　ないかのうちに   2　たかと思うと
 3　たとたん   4　次第

② 子供が被害者になるニュースを聞く（　　　）胸がしめつけられる。

 1　際に   2　につけ
 3　以来   4　に先だって

＊しめつける：to tighten／紧缩／thắt chặt lại

第2章
N2・N3
文型の復習

UNIT 9　復習・9

1　__A__ について __B__
　　動詞　名詞
　　　　　　　　　　　　　__A__ を話題・対象にして __B__。

① これからの進路**について**両親と話し合った。
② この問題**について**ご意見のある方はいらっしゃいませんか。

2　__A__ に関して
　　名詞
　　　　　　　　　　　　　__A__ を話題・対象にして __B__。

① 彼は社会問題**に関して**詳しい。
② 入学試験**に関して**は、入試課にお問い合わせください。
　＊万引き：shoplifting／入店行窃／ăn cắp

3　__A__ に対して __B__
　　名詞
　　　　　　　　　　　　　__A__ を相手・対象に __B__。

① 親**に対して**そんな言葉を使ってはいけない。
② 万引き**に対して**厳しく対応する店が増えてきた。

4　__A__ をめぐって __B__
　　名詞
　　　　　　　　　　　　　__A__ を目的や対象、テーマに __B__。

① 一人の女性**をめぐって**三人の男が争った。
② 法律の解釈**をめぐって**、国会では与野党が議論を戦わせた。

5　__A__ につれて __B__
　　動詞・辞書形
　　名詞
　　　　　　　　　　　　　__A__ の変化と一緒に __B__ も変化。

① 暖かくなる**につれて**、木々のつぼみもふくらんできた。
② 日本の生活に慣れる**につれて**、寂しいという気持ちも和らいでいった。
　＊和らぐ：荒れたり異常になったりしたもの（強風・暑さ・寒さ・怒り・悲しみ・痛み、など）が、落ち着き、普通の状態に向かう。

6　__A__ にしたがって __B__
　　動詞・辞書形
　　名詞
　　　　　　　　　　　　　__A__ の変化に合わせて少しずつ __B__ も変化。

① 年を取る**にしたがって**、忘れっぽくなってきた。
② 都市化が進む**にしたがって**、さまざまな社会問題が生じている。

7　A に伴って B
動詞・辞書形
名詞

Aの変化の影響を受けてBも変化。

① 少子化**に伴って**、労働力不足がより深刻な問題になっている。
② 低気圧の移動**に伴って**、警報の出る地域も広がっていった。

＊少子化：社会の中で、子供の割合が減ること。
＊警報：災害が起きる可能性があるときに人々に注意すること。

8　A とともに B
動詞・辞書形
名詞

Aと同時にB。AとBが一緒に変化する。

① 日本語が話せるようになる**とともに**、友達の数も増えてきた。
② ピストルの音**とともに**、ランナーたちは一斉にスタートした。

＊一斉に：同時にそろって何かをすること。

9　A に沿って
名詞

Aに合うように、Aから離れないように。

① 会社の方針**に沿って**、新しい事業計画が発表された。
② この冊子**に沿って**話を進めていきたいと思います。

＊冊子：pamphlet／小册子／sách nhỏ

10　A に応じて B
名詞

Aの基準に合わせてB。

① この学校では、レベル**に応じて**さまざまなコースが選べるようになっている。
② 薬は症状**に応じて**飲む量が異なるので、必ず医師の指示に従ってください。

確認ドリル・9

次の文の（　）に入れるのに最もよいものを、1・2・3・4から一つ選びなさい。

⇒答えは p.80

① 番組の中で、市民グループの代表は政府の政策（　　　）不満を訴えた。

　1　に沿って　　　2　に応じて　　　3　に対して　　　4　をめぐって

② 子供の成長（　　　）親も成長していくものです。

　1　につれて　　　2　にしたがって　　3　にともなって　　4　とともに

第2章
N2・N3
文型の復習

UNIT 10 復習・10

1 __A__ に反して __B__
名詞

__A__ と異なり __B__ 。 __A__ に合わせないで __B__ 、 __A__ に従わないで __B__ 。

① 大方の予想に反して、ライオンズは勝ち進んでいる。
② 彼は医者の指示に反して、練習を続けている。

2 __A__ に比べて __B__
動詞
形容詞
名詞

__A__ を基準に、 __B__ について述べる。

① 私の国に比べて、日本はとても蒸し暑いです。
② 文法のテストに比べて、漢字のテストは難しかった。

3 __A__ によって __B__
動詞
名詞

__A__ を手段・理由・根拠・行為者として __B__ 。

① 人間は努力することによって成長するものだ。
② 校則によって、校内での喫煙は禁止されています。

4 __A__ にかかわらず __B__
動詞・辞書形／ない形
形容詞
名詞

__A__ と関係なく __B__ 。 __A__ の影響を受けず __B__ 。

① 経験の有無にかかわらず、広く募集します。
② 買って1週間以内なら、使用・未使用にかかわらず、返品ができるそうだ。

5 __A__ を問わず __B__
名詞

__A__ は関係なく。

① このおもちゃは、年齢を問わず、大人から子供まで楽しめます。
② 私たちのために昼夜を問わず働いてくれている人たちがいる。

| 6 □ □ | __A__ ついでに __B__
動詞
名詞 | __A__ の機会に一緒に __B__ もする。 |

① 散歩**のついでに**川沿いの桜を見に行ってきた。
② 北海道へ行った**ついでに**、札幌に住んでいる娘の家に寄ってきた。

| 7 □ □ | __A__ をぬきにして __B__
名詞 | 本来あるはずの __A__ が無い状態で __B__ 。 |

① 今度は男性**を抜きにして**、女性だけで集まりましょう。
② 信じられないかもしれませんが、冗談**を抜きにして**本当の話なんです。

✏ 確認ドリル・10

次の文の（　）に入れるのに最もよいものを、1・2・3・4から一つ選びなさい。

⇒答えは p.80

① 以前（　　　）うちのチームも強くなった。いずれ優勝をねらいたいと思う。

1　に反して
2　に比べて
3　によって
4　にかかわらず

② アルバイト募集！　年齢・経験（　　　）、どなたでも応募していただけます。

1　を問わず
2　ついでに
3　を抜きにして
4　にかかわらず

第2章
N2・N3
文型の復習

UNIT 11 復習・11

1	__A__ がち 動詞・ます形 名詞	Aの傾向がある。よくAする、Aになる。

① 彼女は小さいころから病気**がち**で、スポーツはあまりしていないそうだ。
② 人は外見だけで人を判断し**がち**だ。

2	__A__ 気味 動詞・ます形 名詞	今、少しAだ。少しそのような傾向や様子がある。

① 風邪**気味**なので、ちょっと熱っぽいです。
② 最近、この時計、遅れ**気味**だなあ。電池が切れてるのかな？

3	__A__ げ 形容詞	Aのような様子だ。見て、そのように感じられる様子。

① その子犬は、寂し**げ**な顔をしてコンビニの前のポールにつながれていた。
② 隣の奥さんは、二人の息子が一流企業に勤めていることを自慢**げ**に話した。

4	__A__ っぽい 動詞・ます形	Aという傾向や性質がよく現れている。

① 最近、忘れ**っぽく**なってきたから、ちゃんとメモしておかなくちゃ…。
② 父はお酒を飲むと怒り**っぽく**なるからいやだ。

5	__A__ だらけ 名詞	表面にAが付いて広がっている様子。

① このカバンは長年使っているから傷**だらけ**だ。
② ドアを開けると、部屋の中はごみ**だらけ**だった。

6	__A__ かねる 動詞・ます形	Aできない。気持ちに迷いがあってAできないでいる。

① 一度お使いになった商品の返品は承り**かねます**。
② みんな、旅行を楽しみにしていたので、行けなくなったと言い**かねて**いる。

⑪ 復習・11

7 ＿＿A＿＿ かねない
動詞・ます形

＿＿A＿＿する（というよくない事態になる）可能性がある。＿＿A＿＿するかもしれないという心配がある。

① そんな寒そうな格好で出かけたら、風邪をひき**かねない**よ。
② 彼は気が短いから、上手く説明しないと怒り出し**かねない**。

8 ＿＿A＿＿ おそれがある
動詞
名詞

＿＿A＿＿（というよくないこと）が起こる可能性がある。＿＿A＿＿が起こるかもしれないという心配がある。

① 旅行中に台風が来る**おそれがある**。
② しっかり売っていかないと、大量の在庫を抱える**おそれがある**。

9 （＿A＿ば）＿A＿ ほど
動詞・辞書形
形容詞　名詞

＿＿A＿＿すれば＿＿A＿＿するほど。＿＿A＿＿に応じて程度が増して。

① 彼の話は、聞け**ば**聞く**ほど**、疑わしく思えてきた。
② 都心になる**ほど**家賃も高くなる。

10 ＿＿A＿＿ ほど ＿＿B＿＿ はない
名詞

＿＿A＿＿が一番＿＿B＿＿。「Aのように B」はほかにない。

① 母の作るチーズケーキ**ほど**おいしいチーズケーキ**はない**と思う。
② サッカー**ほど**多くの国で愛されているスポーツ**はない**だろう。

✏ 確認ドリル・11

次の文の（　　）に入れるのに最もよいものを、1・2・3・4から一つ選びなさい。

⇒答えは p.80

① 子供たちは、自分たちの作った作品をほめられて得意（　　　　）だった。

1　がち　　　　2　気味　　　　3　げ　　　　4　っぽい

② 本日、新幹線は雪の影響で大幅に遅れる（　　　　）ので、ご注意ください。

1　かねます　　　　　　　　2　かねないです
3　おそれがあります　　　　4　だらけです

77

第2章 N2・N3 文型の復習

UNIT 12 復習・12

1 A つつある
動詞・ます形

少しずつ A という変化が進行している途中だ。

① 貿易交渉は合意に向かい**つつある**ようだ。
② 少しずつではあるが、震災からの復興が進み**つつある**。

＊震災：地震による災害　＊復興：（町や産業などが）もう一度盛んになること。

2 A としたら B
動詞　形容詞　名詞

A と仮定したら B。情報 A を基にしたら B。

① 彼が来る**としたら**、参加人数は全部で15人になる。
② 10時の新幹線に乗る**としたら**、東京に着くのは12時半ごろだな。

3 A にとって
名詞

A の立場から見ると、A の立場で考えると。

① 産地直送は、生産者**にとって**も消費者にとっても、うれしいシステムだ。
② 若い君たち**にとって**、今の苦労は必ず将来役に立つ。

4 A にしろ B にしろ
動詞　名詞

A の場合も B の場合も（同じだ）。

① 行く**にしろ**行かない**にしろ**、連絡をください。
② 料理**にしろ**家の片付け**にしろ**、私より夫のほうが上手で早い。

5 A はともかく
動詞・辞書形　形容詞　名詞

A はいい（許す、あきらめる、保留する）として。

① 遅れるの**はともかく**、何も連絡がないというのは非常識だ。
② お店**はともかく**、先に日時を決めてしまおう。

6 A はもちろん B も
動詞　名詞

A だけでなく B も。A は当然だが B もまた。

① 日本に来たばかりの時は、漢字**はもちろん**、ひらがな**も**読めなかった。
② この靴はとても軽いので、スポーツに**はもちろん**、通勤に**も**快適だ。

78

7　A っこない
動詞・ます形

Aするということは絶対ない。

① あなたの誕生日ですもの、忘れっこないでしょう。
② こんな成績じゃ、試験に受かりっこない。

8　A っけ
動詞
形容詞
名詞

Aということだっただろうか。記憶が曖昧なときに再確認する表現。相手に返事を求める場合と、独り言のように言う場合がある。

① 明日の会議って、3階の会議室でやるんだったっけ。
② A社の田中さんって、ゴルフはしないんだっけ。

9　A てまで B
動詞・て形

普通はしないAをしてもB。

① 嘘をついてまで気に入られようとは思わない。
② そんなに重い荷物を持ってまで、どうして山に登りたいんですか。

10　A べきだ
動詞・辞書形

Aしたほうがいい。当然、Aしなければならない

① 学生は、アルバイトやサークル活動より、まず勉強するべきだ。
② 現状に合わなくなっているのなら、やり方を変えるべきだ。

確認ドリル・12

次の文の（　）に入れるのに最もよいものを、1・2・3・4から一つ選びなさい。

⇒答えはp.80

① このレストランは、料理（　　）店内の雰囲気やサービス、どれをとっても一流だ。

　1　としたら　　　2　にとって　　　3　はともかく　　　4　はもちろん

② どんなに一生懸命やったって、あの部長に私たちの気持ちなんか、わかり（　　）。

　1　つつある　　　2　っこない　　　3　っけ　　　4　べきだ

第2章
N2・N3
文型の復習

練習問題の答え

📝 確認ドリル・1
① 2
② 1

📝 確認ドリル・2
① 2
② 4

📝 確認ドリル・3
① 4
② 3

📝 確認ドリル・4
① 2
② 2

📝 確認ドリル・5
① 2
② 2

📝 確認ドリル・6
① 4
② 2

📝 確認ドリル・7
① 3
② 3

📝 確認ドリル・8
① 4
② 2

📝 確認ドリル・9
① 3
② 4

📝 確認ドリル・10
① 2
② 1

📝 確認ドリル・11
① 3
② 3

📝 確認ドリル・12
① 4
② 2

PART 2 対策編

第1章 対策準備

UNIT 1 N1 文型の整理

1. 時間・時期
2. 立場・状況・場合
3. 限定
4. 例示・比喩
5. 対比
6. 同時・2つの事柄
7. 不変・無関係
8. 強調／繰り返し
9. 逆接・意外な気持ち
10. 結果
11. 条件・基準・方法
12. 様子・傾向
13. 話題・対象
14. 意志・意向
15. 理由・根拠
16. 目的
17. 可能・不可能
18. 評価・感想
19. 見方・考え方
20. 禁止・NG

UNIT 2 言葉をつなぐ練習

1. ドリルA
2. ドリルB
3. ドリルC
4. ドリルD

UNIT 3 文をつなぐ練習

1. ドリルA
2. ドリルB

UNIT 1 N1 文型の整理

1 時間・時期

1　A が早いか B
動詞・辞書形

A とほとんど同時に B。B の反応や動きが速い

例 スターの車が見える**が早いか**、集まっていたファンは車に殺到した。
　　（スターの車が見えたと同時に、集まっていたファンが車のほうに集まってきた）
＊殺到：多くの人や物が、一度に一か所に押し寄せること。

2　A そばから B
動詞・辞書形

A をしても、その後にすぐ B。B なので A が無駄になる。

例 夫は家事の手順を、教える**そばから**忘れていく。
　　（夫は、私が家事の順番を教えてもすぐに忘れる）

3　A が最後 B
動詞・た形

A になってしまうと、その後は、極端な結果・状態 B になる。

例 父に知られた**が最後**、この家にはいられない。
　　（父に知られてしまうと、もうこの家にいられる状態ではなくなる）

4　A てからというもの B
動詞・て形

A の後は、これまでと違う状態 B がずっと続いている。

例 子供は家に帰っ**てからというもの**、テレビゲームばかりしている。
　　（子供は家に帰ってからは、ずっとテレビゲームをしている）

5　A てひさしい
動詞・て形

A という状態になって、長い時が過ぎた

例 彼はこの仕事を始め**てひさしい**。ベテランの記者だ。
　　（彼は長い間記者をしているベテランだ）

82

① N1 文型の整理

6 ＿A＿ なり ＿B＿
動詞・辞書形

＿A＿のすぐ後に＿B＿。ＡＢの時間差はほとんどない

例）彼女は部屋に入る**なり**大声で泣き出した。
（彼女は部屋に入ってすぐ、突然大声で泣き始めた）

7 ＿A＿ や否や ＿B＿
動詞・辞書形

＿A＿と同時に／を待っていたかのように＿B＿

例）信号が青に変わる**や否や**車をスタートさせた。
（信号が青に変わると同時に車をスタートさせた）

8 ＿A＿ を限りに ＿B＿
名詞

① ＿A＿の時点を最後に＿B＿
② 限度まで＿A＿を出して＿B＿する

例1）今日**を限りに**タバコをやめることにした。
（今日でタバコをやめることにした）

例2）応援団は声**を限りに**声援を送った。
（限度まで声を出して応援した）

9 ＿A＿ を皮切りに ＿B＿
名詞

＿A＿を最初として＿B＿が始まる。＿A＿から順に＿B＿

例）広島**を皮切りに**、全国コンサートツアーが行われる。
（広島を最初に、全国コンサートツアーが行われる）

EXERCISE

次の（　）に入る最も適当なものを１・２・３・４から一つ選びましょう。

⇒答えは p.132

1 父は、孫ができて（　　　）、ずいぶん穏やかになった。

　　1　とたん　　　2　そばから　　　3　なり　　　4　からというもの

2 田中さんに話した（　　　）、会社中に広まってしまう。

　　1　とたん　　　　　　　　　2　からというもの
　　3　が最後　　　　　　　　　4　なり

83

3 インターネットが普及（　　　）が、ネットの世界はますます広がりつつある。
　　1　してやまない　　2　するまでだ　　3　するしまつだ　　4　してひさしい

4 あの日を（　　　）、もうお酒は飲まないと決めました。
　　1　皮切りに　　2　至って　　3　限りに　　4　にあって

5 彼の発言を（　　　）、皆次々と意見を言い始めた。
　　1　はじめ　　2　もって　　3　きっかけに　　4　限りに

6 このホテルは、今月いっぱい（　　　）営業を終了することになった。
　　1　において　　2　をはじめ　　3　をもって　　4　を皮切りに

7 電話に出る（　　　）大声で怒鳴られた。
　　1　とたん　　2　そばから　　3　なり　　4　なりに

8 息子は家に帰る（　　　）自分の部屋に行き、ゲームを始めた。
　　1　そばから　　2　とたん　　3　が早いか　　4　からというもの

9 川に着いた子供たちは、服を脱ぐ（　　　）、次々に飛び込んでいった。
　　1　そばから　　2　とたんに　　3　ながら　　4　が早いか

10 片づける（　　　）子供たちがまた散らかしていく。
　　1　が早いか　　2　そばから　　3　や否や　　4　までして

2 立場・状況・場合

1 AたらAたで B
動詞・た形　動詞・た形

① A の場合はAの場合の事情があり、B 。
② A の場合でも、その事実を受け入れ気持ちを切り替えて、B 。

例① 会社に行くと疲れるが、家に**いたらいたで**子供の世話でまた疲れる。
（会社に行くと疲れるが、家にいても疲れる）

例② 試験に失敗**したら失敗したで**、また来年受ければいいじゃないか。
（試験に失敗しても、気持ちを切り替えて、また来年受ければいいと思う）

2 A ところを B
名詞／文

A という状況なのに B という事態、結果だ。

例 お会いしてお願いしなければならない**ところを**メールで失礼いたします。
（本来なら直接会ってお願いしなければならないのに、メールでお願いしてすみません）

3 A ともなると B
名詞

普通はそれほどでなくても、A という条件では B 。

例 この辺りは冬**ともなると**スキー客で賑やかになる。
（この辺りは、普通はそれほどでもないが、時期が冬ということになると、スキー客で賑やかになる）

4 A にあって B
名詞

A という立場・状況では、当然 B 。 B には A にふさわしい状態や、そうあるべきこと／態度などが来る

例 現在のような国際社会**にあって**、外国語の能力は高く評価される。
（現在のような国際社会では、当然、外国語の能力は高く評価される）

5 A にいたっては B
動詞・辞書形
名詞

ある場合を強調して示し、「特に A の場合は B だ」と、驚きや呆れる気持ちを表す。

例 彼女は料理が得意だが、ケーキ作り**にいたっては**プロ並みだ。
（彼女は料理が得意だが、その中でもケーキ作りについてはプロと同じくらいのレベルだ）

6 A にしたって B
名詞

ほかと同じように A の場合も B。話し言葉。

例 私にしたって、家を買ったのは40歳になってからだ。
（私もほかの人と同じように、家を買ったのは40歳になってからだ）

EXERCISE

次の（　）に入る最も適当なものを1・2・3・4から一つ選びましょう。

⇒答えは p.132

1 国の代表（　　　）、発言の一つひとつにも気をつけなければならない。
 1　といえば 2　ともなると 3　というと 4　ならでは

2 今日はお忙しい（　　　）お時間いただき、ありがとうございました。
 1　ところを 2　ながら 3　なり 4　ならでは

3 早く卒業したいけど、（　　　）友達に会えなくなるのがちょっと寂しい。
 1　卒業してからというもの 2　卒業ともなると
 3　卒業したらしたで 4　卒業をきっかけに

4 私（　　　）、いつどうなるかわからない。大きな病気になったりするかもしれない。
 1　ならでは 2　ともなると 3　にしたって 4　にとっても

5 このような状況（　　　）彼はまだ社長の座から降りようとしない。
 1　ところを 2　にあって 3　をもって 4　にしたって

6 来月、家族でハワイに行く予定だが、父と母（　　　）まだパスポートも持っていない。
 1　にあって 2　によると 3　にしたって 4　にいたっては

3 限定

1 A たる B
名詞

A という立場や身分にある B 。 A にふさわしい行動を求めるときに使う。

例 学生**たる**ものが勉強もせずに遊んでばかりいてはだめだ。
（学生という立場の人が、勉強しないで遊んでばかりいてはだめだ）

2 A ならではの B
名詞

A に特徴的なことで、ほかには見られない B 。

例 これは子供**ならではの**自然な発想だ。
（これは子供だからできる自然な発想だ）

3 A にして B
名詞

A という立場・状況で B 。

例 父は60歳**にして**初めて海外旅行に行く。
（父は60歳という段階になって初めて海外旅行に行く）

4 A にとどまらず B
名詞

A だけでなく B も。影響や勢いの強さを示す。

例 今や日本酒は、国内**にとどまらず**、海外でも人気がある。
（今では日本酒は、国内だけではなく、海外でも人気がある）

5 A をおいて B
名詞

A のほかに B はない。 A だけが B である。

例 あなた**をおいて**この役にふさわしい人はいない。
（あなたのほかに、この役にふさわしい人はいない）

EXERCISE

次の（　）に入る最も適当なものを1・2・3・4から一つ選びましょう。

⇒答えは p.132

1 まさにプロ（　　　）技術だね。素人にはとうてい真似できない。

　　1　にして　　　2　あっての　　　3　ならではの　　　4　たるもの

2 その土地の名物を味わえるのは、旅行（　　　）楽しみだ。

　　1　以上の　　　2　にあって　　　3　に応じての　　　4　ならではの

3 この学校で最も優秀な彼女（　　　）、A大学に合格することができなかった。

　　1　あっての　　　2　たるもの　　　3　にあっては　　　4　にして

4 政治家（　　　）者、発言をころころ変えるものではない。

　　1　ならではの　　　2　たる　　　3　たらしめる　　　4　あっての

5 この企画を任せるなら、川田さん（　　　）ほかにいない。

　　1　にして　　　2　以上に　　　3　をおいて　　　4　s を限りに

6 彼の活動は音楽（　　　）、芸術・文化のさまざまな領域に及んだ。

　　1　以上に　　　2　をおいて　　　3　にいたっては　　　4　にとどまらず

＊ 領域：field, territory ／領域／ khu vực

① N1 文型の整理

4 例示・比喩

1 A かのごとく B
動詞
名詞 / な形容詞 − である・だった・ではない

① (A は事実ではないが) まるで A のように B 。
② (A が事実かどうかはわからないが) 話し手は B を A だと感じている。

例1) 彼はその事故を見ていた**かのごとく**話し始めた。
（彼はまるでその事故を見ていたように話し始めた）
例2) 私が話し始めると、彼は「話すな」という**かのごとく**私をにらみつけた。
（私が話し始めると、彼は「話すな」と言うように私をにらみつけた）

2 A ごとき B
名詞〈の〉
動詞・辞書形

A のような未熟な、あまり価値のない B 。

例) 私の**ごとき**者でよろしければ、精一杯頑張ります。
（私のような未熟な者でよいのでしたら、精一杯頑張ります）
＊精一杯：持っている力のすべてを出すこと。

3 A であれ B であれ C
名詞

A でも B でも、どんなもの / どんなときでも C だ。

例) 会議中**であれ**、食事中**であれ**、彼が来たら知らせてください。
（会議中でも、食事中でも、どんな場合でも、彼が来たら知らせてください）

4 A といい B といい C
名詞　　　　名詞

A も B も C だ。 A についても B についても C だ。

例) 彼女は表情**といい**、しぐさ**といい**、お母さんにそっくりだ。
（彼女は表情もしぐさもお母さんにそっくりだ）

5 A なり B なり C
動詞・辞書形　動詞・辞書形
名詞　　　　　名詞

A でも B でも (その他何でも)。選択肢がいろいろあることを表す。

例) 暇なら、テーブルを拭く**なり**、皿を並べる**なり**してください。
（暇なら、テーブルを拭くとか、皿を並べるとかしてください）

89

6 　A はおろか B も（〜ない）
名詞

A はもちろん（だめだが）、B も。

例 もう半年も勉強しているのに、漢字**はおろか**ひらがな**も**書け**ない**。
（半年も勉強しているのに、漢字はもちろん、ひらがなも書けない）

7 　A もさることながら B
名詞

A もそうだが、それだけでなく、B。「B はもっとだ」と、B を強調する表現。

例 この店は、味**もさることながら**、サービスが行き届いている。
（この店は、味ももちろんいいが、サービスはもっといい）

EXERCISE

次の（　）に入る最も適当なものを1・2・3・4から一つ選びましょう。

⇒答えは p.132

① 髪型（　　）服装（　　）、彼女は学生気分が抜けていないようだ。

　1　といい／といい　　2　から／まで　　3　とも／とも　　4　さえ／さえ

② 20代（　　）30代（　　）、優秀であれば、いつでも転職のチャンスはある。

　1　といい／といい　　2　とか／とか　　3　であれ／であれ　　4　やら／やら

＊転職：仕事、または勤め先を変えること。

③ 私（　　）にそんな大役が務まるのか不安ですが、頑張ります。

　1　なり　　2　ごとき　　3　にたる　　4　ばかり

＊大役：大きな役、役割。

④ 教科書（　　）筆記用具も持ってきてないなんて、学校に何しに来たんですか。

　1　すら　　　　　　　　　　2　また
　3　はおろか　　　　　　　　4　もさることながら

⑤ 面接官がどんな人（　　）、いつもどおりに話せばいいんですよ。

　1　といい　　2　だけでなく　　3　であれ　　4　としても

⑥ 遅刻するなら、電話する（　　）、メールする（　　）してください。

　1　なり／なり　　　　　　　2　といえ／といえ
　3　のみ／のみ　　　　　　　4　といい／といい

⑦ 悲しい出来事があったのに、彼は何事もなかった（　　）いつもどおり仕事をしている。

　1　ごとき　　2　ながら　　3　ならではの　　4　かのごとく

⑧ ビジネスで成功するには、才能や努力（　　）運も必要だ。

　1　どころか　　　　　　　　2　はおろか
　3　にしたって　　　　　　　4　もさることながら

5 対比

1 　A にひきかえ B は C
名詞

A と比べて、反対に B は C。A と対照的な B を取り上げて C だと強調する

例 兄にひきかえ弟はしっかりしている。
（兄と比べて、反対に弟はしっかりしている）

2 　A にもまして B
名詞

A もそうだが、それよりさらに B

例 彼女は以前にもまして熱心に勉強している。
（彼女は以前もそうだが、それよりさらに熱心に勉強している）

EXERCISE

次の（　　）に入る最も適当なものを1・2・3・4から一つ選びましょう。

⇒答えは p.132

1 スタッフが一人やめたことで、以前（　　）忙しくなった。

1　にもまして　　　　　　　2　に対して
3　につれて　　　　　　　　4　にもかかわらず

2 隣の店がいつも満員な（　　）、こっちの店はいつも空いている。

1　といえば　　　　　　　　2　としたところで
3　のにひきかえ　　　　　　4　のにかかわらず

92

6 同時・2つの事柄

1 __A__ かたがた __B__
名詞

B をするときに A も同時にする。B を兼ねて A もする。B が主。改まった表現。

例 日頃のお礼**かたがた**結婚の挨拶に先生の家を伺った。
（結婚の挨拶をするのとともに日頃のお礼を述べようと、先生の家に行った）

2 __A__ かたわら __B__
名詞＋の
動詞・辞書形

主に A をしながら、一方で B もする。継続的に行われていることについて言う。

例 母は会社勤めの**かたわら**、日曜日にはダンスの指導もしている。
（母は会社で働きながら、日曜日にはダンスを教えている）

3 __A__ がてら __B__
名詞
動詞・ます形

A の機会を利用して B 。A のほうが主な目的。一つの行為について言う。

例 友達を駅まで送り**がてら**、図書館に本を返しに行った。
（友達を駅まで送るついでに、図書館に借りていた本を返しに行った）

4 __A__ ながらに __B__
名詞

A のままの状態で B 。慣用的な表現。「涙ながら・生まれながら」の形でよく使う。

例 彼女は涙**ながら（に）**思い出を語った。
（彼女は、涙が流れるそのままの状態で思い出を語った）

5 __A__ ながらも __B__
名詞／文

A だが、そこから普通予想されることと違って B 。

例 貧しい**ながらも**幸せな家庭だった。
（貧しかったが、幸せな家庭だった）

93

EXERCISE

次の（　）に入る最も適当なものを1・2・3・4から一つ選びましょう。

⇒答えはp.132

1　この商店街には昔（　　　　）店が多くて、懐かしい感じがする。

　　1　なくして　　　2　ながらの　　　3　なしに　　　4　かたがた

2　彼女はいつも、リハビリ（　　　　）孫のいる幼稚園まで散歩している。

　　1　がてら　　　2　にたる　　　3　ごときに　　　4　なりに

3　彼女は小さい（　　　　）、自分のお店を開いた。

　　1　ながらも　　　2　ながらは　　　3　ながらを　　　4　ながらと

4　彼は仕事の（　　　　）、ボランティア活動にも熱心に取り組んでいる。

　　1　そばから　　　2　かたわら　　　3　がてら　　　4　ながら

5　彼女は（　　　　）金持ちだから、貧乏人の苦労なんてわからないよ。

　　1　生まれがてら　　　　　　2　生まれるなり
　　3　生まれながらに　　　　　4　生まれるそばから

6　先日のおわび（　　　　）、ご挨拶にうかがいました。

　　1　かたがた　　　2　に伴って　　　3　かねて　　　4　についでに

7 不変・無関係

1 **Aたところで B**
動詞・た形

Aをしても、Bという（期待に反する）結果になるだけだ。

例 今から走っ**たところで**授業には間に合わない。
（今から走ったとしても、もう授業には間に合わない）

2 **A といえども B**
名詞

Aも/でもB。Aであることを理由にすることはできない。

例 子供**といえども**、何をしても許されるわけではない。
（子供であることを理由に、何をしても許してもらえることはない）

3 **Xが A ようがYは B**
動詞・意向形

Xがどんなに/いつ/どこに…Aしても、Yは関係なくB。

例 子供**が**どんなに大声で泣こ**うが**、そのお母さん**は**買ってあげなかった。
（子供がどんなに大声で泣いても、そのお母さんは買ってあげなかった）

4 **A が、 A まいが C**
動詞・意向形　動詞・辞書形

AでもAでなくても関係なく、結果は同じC。

例 この病気になったら、金があろう**が**ある**まいが**、治すのは難しい。
（この病気になったら、金があってもなくても関係なく、治すのは難しい）

5 **A をものともせず（に） B**
名詞

困難なAを問題にしないで（何とも思わないで）Bをする。

例 彼はさまざまな困難**をものともせず**、ここまでの地位になった。
（彼はさまざまな困難に少しも負けることなく、ここまでの地位になった）

6 **A をよそに B**
名詞

Aを気にしないで（無視するように）Bをする。

例 市民の批判**をよそに**、予定通り、議員たちは視察旅行に行った。
（市民の批判を無視するように、予定通り、議員たちは視察旅行に行った）
＊視察：その場に行って実際の様子を見て、確かめること。

EXERCISE

次の（　）に入る最も適当なものを1・2・3・4から一つ選びましょう。

⇒答えはp.132

1. どんなに（　　　）あと10分で準備するのは不可能だろう。
   1. 急ごうが　　　2. 急ぐと　　　3. 急いだら　　　4. 急げばこそ

2. 専門家（　　　）わからないことはある。
   1. とはうらはらに　　2. にひきかえ　　3. といえども　　4. ではあるまいし

3. （　　）と（　　）と、その日はそこに泊まるしかなかった。
   1. 狭い／汚い
   2. 狭いなり／汚いなり
   3. 狭いながら／汚いなが
   4. 狭かろう／汚かろう

4. 2日も過ぎているから、今から（　　　）受け付けてもらえないだろう。
   1. 申し込んだこととて
   2. 申し込んだところで
   3. 申し込んだとしたら
   4. 申し込んだとはいえ

5. 初めてする仕事（　　　）、何度もやっていることでも彼はよくミスをする。
   1. といえども
   2. ながらに
   3. ならいざ知らず
   4. ならではの

6. バーゲンで買ったものは（　　　）、返品することはできない。
   1. 使いつ使いつ
   2. 使おうが使うまいが
   3. 使おうにも使えず
   4. 使いたくても使えず

7. 親の期待（　　　）彼女は自分が就きたい職業に就いた。
   1. をよそに
   2. をものともせず
   3. にもまして
   4. をおいて

8. 周囲からのプレッシャーを（　　　）、彼は世界大会で優勝した。
   1. なしに　　　2. なくして　　　3. ものともせず　　　4. よそに

8 強調／繰り返し

1 **A からある B**
名詞

(長さ・高さ・重さなどが) A もある B。話し手にとって大きいという気持ちを表す。

例 周囲3メートル**からある**大木だ。　(周囲3メートルもある大木だ)

2 **A (に／で／と)すら B**
名詞

A も B というほどだ (当然、A 以外のものは B)。

例 山で遭難した時は、水**すら**飲めなかった。
　(山で遭難した時は、食べる物や飲む物がなく、水も飲めなかった)
＊遭難：山や海で、命を失うような危険にあうこと。

3 **A だに B**
名詞
動詞・辞書形

A だけで B の状態になる。

例 あの事故のことは思い出す**だに**恐ろしい。
　(あの事故のことは、思い出すだけで恐ろしい気持ちになってしまう)

4 **XがYを A たらしめる B**
名詞

XがYを A として成立させる B だ。硬い表現。

例 想像力こそ、作品**を**芸術**たらしめる**要素である。
　(まさに想像力が、作品を芸術として成立させる要素だ)

5 **A たりとも B**
名詞

たとえ A でも B 。まったく〜ない (B には否定形が来る)。

例 小さな子供は、一瞬**たりとも**じっとしていない。
　(小さな子供は、たとえ一瞬でもじっとしていない)

6 **A つ、B つ C**
動詞・ます形　動詞・ます形／受身

A 、B を何度も繰り返しながら C 。

例 優勝候補の二人は、抜き**つ**抜かれ**つ**、激しいトップ争いをしている。
　(優勝候補の二人は、抜いたり抜かれたりしながら、激しいトップ争いをしている)

7　AてはB、BてはA
動詞・て形　動詞・ます形　動詞・て形

AとBを何度も繰り返す様子。

例 久しぶりの同窓会で、酒を飲んでは旧友と語り、語っては酒を飲んだ。
（久しぶりの同窓会で、大いに酒を飲んだり、昔の友達と語ったりした）
＊同窓会：同じ学校の出身者の集まり、会。

8　AまでしてB
名詞

Bのために普通はしないAという大変なことをする。

例 若い頃は、徹夜のアルバイトまでして学費を貯めた。
（若い頃は、徹夜のアルバイトという大変なこともしながら学費を貯めた）

9　AもあろうというB
名詞　　　　　　　　名詞

Aぐらいあると思われるようなB。Aには大きい数量が入る。

例 50人分もあろうかという大きなケーキが出てきた。
（50人分ぐらいあるだろうと思われるような大きなケーキが出てきた）

EXERCISE

次の（　）に入る最も適当なものを1・2・3・4から一つ選びましょう。

⇒答えは p.132

1　この島には、周囲が10メートル（　　　）大木がたくさん生えている。

　　1　ばりの　　　2　からある　　　3　からする　　　4　ばかりの

2　道に迷ってしまい、駅前の通りを何度も（　　　）してしまった。

　　1　行って戻って　　　　2　行きつ戻りつ
　　3　行くつ戻るつ　　　　4　行き戻り

3　言葉こそが人間を人間（　　　）ものだ。

　　1　ならではの　　　　2　あっての
　　3　たる　　　　　　　4　たらしめている

① N1文型の整理

[4] この国は1100（　　　）島でできている。
1　からする　　　　　　　　　　2　ばかりの
3　からなる　　　　　　　　　　4　もあろうかという

[5] 高熱が出た時は、ベッドから起き上がること（　　　）できなかった。
1　たりとも　　　2　すら　　　3　のみ　　　4　ばかり

[6] 徹夜で並んで（　　　）チケットを取ったのに、コンサートは中止になってしまった。
1　はおろか　　　2　たりとも　　　3　すら　　　4　までして

[7] 目立たなかった彼女がモデルになるなんて、予想（　　　）しませんでした。
1　かたわら　　　2　だに　　　3　がてら　　　4　ついでに

[8] 彼女は特に時間に厳しいから、待ち合わせには1分（　　　）遅れてはいけない。
1　もさることながら　　　　　　2　までして
3　はおろか　　　　　　　　　　4　たりとも

[9] 土砂崩れで、1トンほど（　　　）巨大な岩が道路に落ちてきた。
1　からある　　　　　　　　　　2　もあろうかという
3　ばかりの　　　　　　　　　　4　ばりの

[10] 彼は私が何を聞いても、（　　　）知らないと言う（　　　）で、何も話さなかった。
1　まさに／のみ　　　　　　　　2　まさに／のみならず
3　ただ／のみ　　　　　　　　　4　ただ／のみならず

[11] 彼女は恋人からの連絡を待っていて、かばんからスマホを（　　　）を繰り返している。
1　出しては入れ、出しては入れ
2　出したら入れよう、出したら入れよう
3　出しつ入れつ、出しつ入れつ
4　出した入れた、出した入れた

9 逆接・意外な気持ち

1 ___A___ と思いきや ___B___
普通体

A と思っていたら、実際は B。

例 電車に乗れる**と思いきや**、目の前でドアが閉まってしまった。
(電車に乗れると思っていたが、目の前でドアが閉まって乗れなかった)

2 ___A___ とは ___B___
普通体

A という行為や事態は B (意外だ、信じられない)。

例 彼が学校を辞めてしまう**とは**信じられない。
(彼が学校を辞めるということはとても意外で、信じられない)

3 ___A___ とはいえ ___B___
普通体

A という状況があるが、それに反する B という結果、事態だ。

例 春(だ)**とはいえ**、まだ寒い毎日だ。
(春だけど、まだ寒い毎日だ)

4 ___A___ とはうらはらに ___B___
名詞

A とは正反対に B。期待や予想に対し、反対の結果になる。

例 試合前の予想**とはうらはらに**、彼女は無名の新人に負けてしまった。
(試合前の予想とは正反対に、彼女は無名の新人に負けてしまった)
＊無名：世間に名前が知られていないこと。

EXERCISE

次の（　）に入る最も適当なものを1・2・3・4から一つ選びましょう。

⇒答えは p.132

1 今日は晴れると（　　　）、また雨が降り出した。

1　思いきや　　　　　　　　　　2　思えばこそ
3　思ったとはいえ　　　　　　　4　思うところを

2 周囲の期待（　　　）、あのチームは今年もいい結果を残せなかった。

1　といえども　　　　　　　　　2　にひきかえ
3　とはうらはらに　　　　　　　4　としたところで

3 彼女が10歳も年上の人と結婚する（　　　）意外だった。

1　ときたら　　2　とは　　3　としたら　　4　とか

4 この町は海に面しているからおいしい魚が食べられる（　　　）、そうでもない。

1　とは　　2　かというと　　3　かたわら　　4　とはうらはらに

5 高級品なので値段が高い（　　　）、買えないほどではない。

1　とあって　　2　にして　　3　ゆえ　　4　とはいえ

10 結果

1 A 始末だ
動詞・辞書形

A という状況だ。(特によくない場合の)最終的な結果や状況について言う。

例 彼は学校にも行かず、母親が注意すると家出をする**始末だ**。
(彼は学校にも行かず、母親が注意すると家出をするという状況だ)

2 A ずじまい
動詞・ない形

A をしようと思いながら、結局、最後まで A しない状態で終わった。

例 今日は朝から来客が続き、昼食は食べ**ずじまい**になった。
(今日は朝から来客が続き、昼食は食べないままになった)

3 A そびれる
動詞・ます形

A しないまま機会が過ぎる。A できずに終わる。

例 さっき言い**そびれた**ことは、メールで伝えることにした。
(さっき言うことができなかったことは、メールで伝えることにした)

4 A っぱなし
動詞・ます形

A をした後、A の状態が続いている。

例 窓を開け**っぱなし**で、出かけてしまった。
(窓を閉めず、開けたままにして出かけてしまった)

5 A に至る
名詞

最終的に A という結果・状態になる。

例 この病気には有効な治療法がなく、短期間で死**に至る**場合もある。
(この病気には有効な治療法がなく、短期間で死ぬことになる場合もある)

EXERCISE

次の（　）に入る最も適当なものを1・2・3・4から一つ選びましょう。

⇒答えは p.132

[1] 新しい課長は責任感がなく、部下のミスは自分には関係ないと言い出す（　　　）。

1　しかない　　　　　　　　　　2　しまつだ
3　というところだ　　　　　　　4　ばかりだ

[2] 息子が寝坊してあわてて学校に行ったので、お弁当を渡し（　　　）。

1　がたかった　　　　　　　　　2　ようがなかった
3　得なかった　　　　　　　　　4　そびれた

[3] 今回の事故の発生（　　　）までの経緯について、ご説明します。

1　に至る　　　2　にひきかえ　　3　をもって　　4　を皮切りに

＊経緯：details／過程

[4] 年末の予定がうまく合わず、今回も彼女とは会え（　　　）。

1　そびれた　　2　てひさしい　　3　ずじまいだ　　4　ない始末だ

[5] 節電のため、使わない部屋の電気をつけ（　　　）にしないようにしましょう。

1　放題　　　　2　っぱなし　　　3　つつ　　　　4　たきり

11 条件・基準・方法

1 Xは A いかんだ
名詞

Xかどうかは A で決まる。

例 入院するかどうかは、検査の結果**いかんだ**。
（入院するかどうかは、検査の結果で決まる）

2 A いかんで B
名詞

A がどのようであるかで B 。

例 このテストの結果**いかんで**進級できるかどうかが決まる。
（このテストの結果がどのようであるかで進級できるかどうかが決まる）

3 A (の)いかんにかかわらず B
名詞、名詞句・節

A がどのような状態でも B 。 A にはいろいろな場合が考えられるが、どんな場合でも B 。

例 結果がわかったら、採用不採用**のいかんにかかわらず**、すぐ連絡してください。
（結果がわかったら、採用であっても不採用であっても、すぐ連絡してください）

4 A (の)いかんを問わず B
名詞、名詞句・節

A という条件がどのようなものでも問題にせず B 。

例 国籍**のいかんを問わず**、応募できます。
（国籍がどうであっても、応募できます）

5 A くらいなら（ぐらいなら）
動詞・辞書形

A を選ぶより B のほうがまだましだ。

例 あんな人と結婚する**くらいなら**、一生独身でいるほうがいい。
（あんな人と結婚することを考えたら、一生独身でいるほうがまだましだ）

6 A ことなしに B
動詞・辞書形

A がない状態で B 。

例 先生の説明を聞く**ことなしに**実験してはいけない。
（先生の説明を聞かないで実験してはいけない）

7 Aたら最後（たが最後）B
動詞・た形

①Aの状態になったら、もう元には戻らない。
②Aが始まれば、その後ずっとAの状態が続く。

例1）社長の意見に反対したが最後、昇進は望めないだろう。
（社長の意見に反対したら、もう絶対に昇進は期待できないだろう）

例2）彼はサッカーの試合が始まったら最後、何を聞いても返事一つしてくれない。
（彼はサッカーの試合が始まると、終わるまで何を聞いても全く返事をしてくれない）

8 Aてこそ（の）B
動詞・て形

Aことによって BにはBとしての価値や意義が生まれる。

例）使ってこその食器だから、飾っているだけでは意味がない。
（食器は使うことで食器としての価値があるのだから、飾っているだけでは意味がない）

9 Aてまで B
動詞・て形

わざわざAという大変なことをしてB。Bが否定形の場合、「そんなことまでして〜ない」と強い打ち消しを表す。

例）カンニングしてまでいい成績をとろうとは思わない。
（カンニングをするという悪いことまでして、いい成績をとろうとは思わない）

10 Aと相まって B
名詞

Aと一緒になってより一層B。

例）紅葉が山の緑と相まって非常に美しい光景だ。
（紅葉が山の緑と一緒になって、さらにもっと美しい光景になっている）

11 Aない までも B
動詞・ない形

Aという程度にまではならなくても、少なくともB。

例）口にこそ出さないまでも、みんな彼女のことを疑っている。
（何か言うということはないが、みんな彼女のことを疑っている）

12 　A なくして B
名詞

A がないままに B 。だから A をするのに B が必要だ。

例 十分な議論**なくして**結論を急いではいけない。
（十分な議論がないままに結論を急ぐのはよくないことだ）

13 　A なしに B
名詞

普通は A から B という順だが、A がないまま B 。

例 彼は全く計画**なしに**、1年間の旅行に出発した。
（普通は計画してから行くのに、彼は計画のないまま、1年間の旅行に出た）

14 　A なりの B
名詞／動詞・た形

A に相当する B ／ A に応じた B ／ A に合った B

例 初めての料理は、頑張って作った**なりの**味だった。
（初めての料理は、頑張って作ったことに相当する味だった）

15 　A なりに B
名詞

ほかはどうかわからないが A としては十分に B 。

例 私**なりに**考えて出した結論です。
（〔ほかの人はどう思うかわからないが、〕私自身は十分考えて出した結論だと思っている）

16 　A なりに B
名詞／文

十分ではないかもしれないが、A （の立場・能力・状態）に応じて B 。

例 狭い部屋**なりに**広く住むための工夫をしている。
（狭い部屋だけど、広く住むための工夫をしている）

17 　A に即して B
名詞

A を考えて、それに合わせて B 。

例 今までの経験**に即して**計画を進めている。
（今までの経験を考えて、その経験に合わせて計画を進めている）

① N1 文型の整理

18 　A にのっとって B
名詞

A という規則や基準、手本などにしたがって B。

例 市の新しくできた条例**にのっとって**、公園内の喫煙が禁止された。
（新しくできた市の規則にしたがって、公園内の喫煙が禁止された）
＊条例：地方で定める法律。

19 　A ようによっては B
動詞・ます形

A の方法を変えれば、B という違った結果になる。

例 考え**ようによっては**、彼の意見はそれほど変ではない。
（考え方を変えれば、彼の意見はそれほど変ではない）

20 　A をふまえて B

A を根拠として B。A を考えに入れて B。

例 部長の話は経験**をふまえて**いるだけに、説得力がある。
（部長の話は経験に基づいているから説得力がある）

21 　A をもって B
名詞

A の時点で B。あいさつ・告知などに使う硬い表現。

例 今月末**をもって**閉店させていただきます。
（今月末で閉店させていただきます）

EXERCISE

次の（　）に入る最も適当なものを1・2・3・4から一つ選びましょう。

⇒答えは p.132

1 検査の結果（　　　）、手術ということもあるでしょう。

1　ともなると　　2　如何では　　3　と相まって　　4　に即して

2 日本食ブームや円安（　　　）、外国からの観光客が増えている。

1　に即して　　2　ともなると　　3　と相まって　　4　如何で

3 時代の変化（　　　）、新しい商品を開発していくことが必要だ。

1　如何で　　2　と相まって　　3　に即して　　4　ともなると

[4] 理由の（　　　）、説明会に参加できない人は、採用試験を受けることはできない。

　　1　なしに　　　　　　　　　　　　2　なくして
　　3　如何で　　　　　　　　　　　　4　如何にかかわらず

[5] 若い頃からの苦労（　　　）今の成功はあり得なかった。

　　1　なくして　　　2　なくては　　　3　かたがた　　　4　ながら

[6] この店は予約（　　　）入れない。

　　1　なくして　　　2　なしに　　　　3　かたがた　　　4　ながら

[7] 英語が下手でも、下手（　　　）一生懸命説明すると通じることが多い。

　　1　なりに　　　　2　ように　　　　3　ところに　　　4　ばかりに

[8] カラオケ好きの彼女は、マイクを（　　　）、何曲でも歌おうとする。

　　1　持っては　　　　　　　　　　　　2　持つかたわら
　　3　持ったら最後　　　　　　　　　　4　持ったところで

[9] あの美容院は下手だからだめだ。あそこに行く（　　　）自分で切ったほうがましだ。

　　1　なくして　　　　2　くらいなら　　3　だところで　　4　なり

[10] 子供にとっては、楽しみながら（　　　）、勉強する意味がある。

　　1　学ぶからには　　　　　　　　　　2　学んだなりに
　　3　学ぼうと　　　　　　　　　　　　4　学んでこそ

[11] 毎年ではない（　　　）、数年に一回ぐらいは海外旅行に行きたい。

　　1　として　　　　　　　　　　　　　2　までも
　　3　からといって　　　　　　　　　　4　からこそ

[12] 程度（　　　）、少しでも傷のある商品は売ることはできない。

　　1　なりに　　　　　　　　　　　　　2　に即して
　　3　の如何を問わず　　　　　　　　　4　とあいまって

13 ローンを組む（　　　）彼は車を買った。
   1 ことなくして　　　　　2 ことないまでも
   3 ことなしに　　　　　　4 ことしないで

14 このプログラムは、地域の事情（　　　）内容の一部が変更される場合もあります。
   1 なりに　　2 なしに　　3 を踏まえて　　4 をもって

15 企画会議では、一応、準備した（　　　）発表はできた。
   1 だけ　　2 なり　　3 なりの　　4 つもりの

16 子供（　　　）一生懸命考えたんだね。ほめてあげないと。
   1 なりに　　2 ときても　　3 ならでは　　4 とくれば

17 給料が上がるかどうかは、会社の景気（　　　）。
   1 の一途をたどる　　　　2 は否めない
   3 などさらさらない　　　4 如何だ

18 ガス料金は、4月1日（　　　）値上げになる。
   1 を皮切りに　　2 をもって　　3 に至る　　4 を限りに

19 仕事で失敗して契約を取れなかったが、（　　　）いい経験になった。
   1 考えるたびに　　　　2 考えようによっては
   3 考えんがために　　　4 考えたところで

20 外国人が犯罪を犯した場合、その国の法律（　　　）罰せられる。
   1 如何で　　2 に至って　　3 なりに　　4 にのっとって

21 話題になっているが、お金を払って（　　　）見に行こうとは思わない。
   1 こそ　　2 ので　　3 すら　　4 まで

12 様子・傾向

1 A きらいがある
動詞・辞書形

A というよくない傾向がある。

例 株価が上がると円も高くなる**きらいがある**。
（株価が上がったら円も高くなるという悪い傾向がある）

2 A はしないかと B
動詞・ます形

A というよくない状態になるのではないかと B 。

例 めまいがして、倒れ**はしないかと**思った。
（めまいがして倒れるのではないかと思った）

3 A ずくめ
名詞

ほとんど A という状態だ、A ばかりだ。A には物、色、出来事などが入る。

例 最近は、娘の結婚に息子の就職と、いいこと**ずくめ**だ。
（最近は、娘の結婚、息子の就職と、いいことばかりだ）

4 A た つもりで B
動詞・た形

実際は A していないが、A しているつもりで B 。

例 プロの歌手になっ**たつもりで**、堂々と歌ってください。
（実際は違うけど、プロの歌手だという気持ちで、堂々と歌ってください）

5 A とばかり B
普通体

（結果や事実は異なるが）イメージや勘違いで A と強く B 。B には「思っていた」「思い込んでいた」などが来る。

例 その人とは何回か電話で話したことがあるが、女性（だ）**とばかり**思っていた。
（その人とは何回か電話で話したことがあるが、すっかり女性だと思っていた）

110

① N1 文型の整理

6	**A とばかりに B** 動詞・命令形	A というように（とでも言っているように）B。
	例）彼が舞台に現れると、待ってました**とばかりに**大きな拍手が起こった。 （彼が舞台に現れると、待ってましたというように大きな拍手が起こった）	

7	**A ともなく A** 動詞・辞書形	積極的に A するつもりでなく A する。
	例）見る**ともなく**前のほうを見ていたら、若いカップルが突然、大喧嘩を始めた。 （ぼんやり前を見ていたら、若いカップルが突然、大喧嘩を始めた）	

8	**X は A の一途をたどる** 名詞	X は A の方向にどんどん進んでいる。
	例）日本の労働人口**は**減少**の一途をたどって**いる。 （日本の労働人口はどんどん減少の方向に進んでいる）	

9	**A 放題** 動詞・ます形	限度なく A できる。
	例）この携帯電話なら、メールが使い**放題**で、月 1,500 円です。 （この携帯電話なら、メールが限度なく使えて、月 1,500 円だ）	

10	**A まくる** 動詞・ます形	次々と A。どんどん A し続ける。
	例）私は昔からマンガが大好きで、あらゆるマンガを読み**まくった**。 （私は昔からマンガが大好きで、マンガを次から次へと何でも読んだ）	

11	**A まみれ** 名詞	A が全体を覆うように付いて、すっかり汚れた状態になること。A には泥・ほこり・油・汗など汚いものが来る。A だらけ。
	例）雨の中、サッカーをしたので、泥**まみれ**になった。 （雨の中、サッカーをしたので、全身に泥がついた）	

111

12 　A めく
名詞

Aのようになってくる。Aが感じられるようになる。

例 風が涼しくなって、秋**めいて**きた。
（風が涼しくなって、秋が感じられるようになってきた）

13 　A ようとすらしない
動詞・意向形

最低限のAもしない（それ以上のことも当然しない）。

例 彼女はすごく怒っていて、話しかけても目を合わせ**ようとすらしない**。
（彼女はすごく怒っていて、話しかけても目を合わせることもしない。当然、返事もしてくれない）

14 　A を限りに B
名詞

① Aの時点を最後にB。
② 限界までAを出してBする。Aに入るのは「声」「力」など限られる。

例1 今日**を限りに**タバコをやめることにした。
（今日でタバコをやめることにした）
例2 応援団は声**を限りに**声援を送った。
（応援団は限界まで声を出して声援を送った）

15 　（Xで）A を余儀なくされる
名詞

（Xのせいで）嫌だけれど、Aをしなければならない。

例 地震で避難所生活**を余儀なくされた**。
（地震のせいで、嫌だけれど、避難所生活をしなければならなくなった）

16 　A んばかりに B
動詞・ない形

今にもAしそうなほどB。AはBの様子を表すたとえ。

例 弟は、合格の知らせに飛び上がら**んばかりに**喜んだ。
（弟は、合格の知らせを聞いて、飛び上がるほど喜んだ）

EXERCISE

次の（　）に入る最も適当なものを1・2・3・4から一つ選びましょう。

⇒答えは p.132

1　A国はB国との戦争に敗れ、衰退（　　　　）。

　1　を禁じえなかった　　　　　　2　というところだった
　3　といえる　　　　　　　　　　4　の一途をたどった

2　久しぶりに大掃除をしたら、ベッドの下からほこり（　　　　）のアルバムが出てきた。

　1　づけ　　　　2　まみれ　　　　3　ずくめ　　　　4　がち

3　彼は気持ちとは逆のことを口にする（　　　　）から、本当は行きたいのかもしれない。

　1　っぽい　　　2　ぎみだ　　　　3　きらいがある　　4　がちだ

4　母親が話しかけても、その子は母親を（　　　　）。

　1　見ないきらいがある　　　　　2　見るべからず
　3　見たしまつだ　　　　　　　　4　見ようとすらしない

5　早く終わってほしい（　　）、あと10分授業時間があるのに、学生は教科書を閉じた。

　1　のつもりで　　2　として　　　3　とばかりに　　4　のように

6　彼の謝り方は言い訳（　　　　）いて、申し訳ないという気持ちが感じられなかった。

　1　めいて　　　2　気味　　　　　3　がち　　　　　4　っぽい

7　彼女はブランドものが大好きで、服や靴などのブランド品にお金を使い（　　　　）。

　1　がましい　　2　ままだ　　　　3　っぱなしだ　　4　まくっている

8　うちの会社は何から何までマニュアル（　　　　）でいやになる。

　1　めく　　　　2　がち　　　　　3　ずくめ　　　　4　まみれ

9　部長に（　　）つもりでいたが、実は報告するのを忘れていた。

　1　報告しよう　2　報告して　　　3　報告した　　　4　報告しない

10 そこに描かれていた虎はまるで生きているようで、絵から（　　　）。

1　飛び出そうとばかりしている　　2　飛び出さんばかりだった
3　飛び出したばかりに思えた　　　4　飛び出してばかりだった

11 大雨で川があふれは（　　　）心配した。

1　しないなりに　　2　しないかと　　3　しようが　　4　せんがため

12 この携帯電話は月5000円でインターネットが使い（　　　）だ。

1　放題　　2　っこない　　3　っぱなし　　4　まくる

13 力（　　　）頑張ったけど、勝つことはできなかった。

1　なりに　　2　めいて　　3　を限りに　　4　とばかりに

14 道路が渋滞していたので、会社に遅刻し（　　　）心配したが間に合った。

1　はしないかと　　2　はずはないと　　3　ことはないと　　4　そうもないと

15 父は病気になったことにより、退職（　　　）。

1　でなくてなんだろう　　　　2　を余儀なくされた
3　を禁じえない　　　　　　　4　というところだ

16 （　　　）ともなくテレビを見ていたら、知り合いが出ていて驚いた。

1　見た　　2　見る　　3　見て　　4　見ない

17 あの二人はいつも仲がよくて、（　　　）思っていたが、別れてしまった。

1　結婚するとばかり　　　　2　結婚せんと
3　結婚しようと　　　　　　4　結婚したつもり

① N1 文型の整理

13 話題・対象

1 　A　ときたら　B
名詞

① A ということを見たり聞いたりすると、すぐ B を思いつく。
② A を話題に取り上げて、A のよくない性質や傾向について言う。話し言葉。

例1 大阪**ときたら**、たこやきが一番に思い浮かぶ。
（大阪と聞くと、たこやきが一番に思い浮かぶ）

例2 あの人**ときたら**、休みは一日中寝てばかりだ。
（あの人は、休みの日は一日中寝てばかりだ）

2 　A　とくれば　B
名詞

① A ということを見たり聞いたりすると、すぐ B を思いつく。
② A の次は順番から言って B だ

例1 大阪**とくれば**、たこやきが一番に思い浮かぶ。
（大阪と聞くと、たこやきが一番に思い浮かぶ）

例2 前々回の試験は 80 点、前回は 90 点。**とくれば**、次は 100 点が取れそうだ。
（80 点、90 点と続くと、次は順番から言って 100 点がとれそうだ）

3 　A　にかかわる　B
名詞　　　　　　名詞

① A に関係する B 。
② A に影響を与える B 。A には大切なことや重大な内容が来る。

例1 仕事**にかかわる**話は、これで終わりにしましょう。
（仕事に関係する話は、これで終わりにしましょう）

例2 客の個人情報が外部に出てしまったことは、会社の信用**にかかわる**大問題だ。
（客の情報が外に流れてしまったことは、会社の信用に影響を与える大問題だ）

115

EXERCISE

次の（　）に入る最も適当なものを1・2・3・4から一つ選びましょう。

⇒答えは p.132

1. 一生（　）問題だから、結婚についてはよく考えたほうがいい。
   1　にかかわる　　　2　にもまして　　　3　ときたら　　　4　をおいて

2. 私の弟（　）大学に行かないで、毎日アルバイトばかりしている。
   1　というと　　　2　ときたら　　　3　いうより　　　4　とくれば

3. 夏休み（　）やっぱり海水浴だね。
   1　としたら　　　2　とくると　　　3　とすれば　　　4　とくれば

14 意志・意向

1 A ずにはおかない
動詞・ない形

A しないでそのままにしておかない。許さないという強い気持ち。

例）近所の子供がまたうちの庭のブドウを盗った。今度こそつかまえ**ずにはおかない**ぞ。（近所の子供がまたうちの庭のブドウを盗った。今度こそ必ず捕まえるぞ）

2 A ずにはすまない
動詞・ない形

A しなければ、終わらない・解決しない。

例）全くの不注意で相手に被害を与えたのだから、弁償せ**ずにはすまない**。
（全くの不注意で相手に被害を与えたのだから、弁償しなければ解決しない）

3 A てやまない
動詞・て形

長い間 A という気持ちを持ち続けている。

例）世界から戦争がなくなることを願っ**てやまない**。
（長い間、世界から戦争がなくなってほしいと願い続けている）

4 A ない ではおかない
動詞・ない形

必ず A するぞという強い気持ち。

例）テストでカンニングした学生には、罰を与え**ないではおかない**。
（カンニングした学生には、必ず罰を与えるぞ）

5 A ない ではすまない
動詞・ない形

今の状況を考えると、A ないという言い訳は許されない。

例）契約書にサインした以上、知ら**ないではすまない**。
（契約書にサインしたのだから、知らないという言い訳は許されない）

6 A などさらさらない
名詞

A という気持ちは全くないと強く否定する。

例）社長を疑う気持ち**など、さらさらありません**。
（社長を疑う気持ちなんて、全くありません）

EXERCISE

次の（　）に入る最も適当なものを1・2・3・4から一つ選びましょう。

⇒答えはp.132

1 彼女は細かい性格で、ほかの誰かが少しミスしただけでも注意（　　　）。

1　しないものでもない　　　　2　しないわけもない
3　せずにはすまない　　　　　4　してしょうがない

2 判定は間違っていると思うけど、スポーツだからしょうがない。文句を言うつもりは（　　　）よ。

1　は否めない　　　　　　　　2　さらさらない
3　というところだ　　　　　　4　を禁じえない

3 あの時、もっと真剣に考えればよかったと、後悔して（　　　）。

1　たまらない　　2　おかない　　3　やまない　　4　すまない

4 また私の家の前に車を止めている人がいる。見かけたら注意せ（　　　）。

1　ないものでもない　　　　　2　ずにはおかない
3　ずにはすまない　　　　　　4　ないではすまない

5 相手の不注意で大切なカメラが壊れたんだから、弁償させ（　　　）よ！

1　ないほうがいい　　　　　　2　ないではおかない
3　ないものでもない　　　　　4　ないこともない

6 みんな待ってくれているんだから、今さら行け（　　　）。

1　ずにはおかない　　　　　　2　ないではおかない
3　ずにはすまない　　　　　　4　ないではすまない

15 理由・根拠

1 __A__ あっての __B__
名詞　　　　　名詞

A がある/いるから B の存在価値がある。

例 学生**あっての**教師だ。（学生がいるから、教師の存在価値がある）

2 __A__ こととて __B__
名詞の
動詞・ない形

A が理由・原因で B 。事情の説明によく使われる少し硬い表現。

例 父が不在の**こととて**、詳しいことはわかりません。
（父が不在なので、詳しいことはわかりません）
＊不在：（家や職場などに）いないこと。

3 __A__ ではあるまいし __B__
名詞

A なら当然かもしれないが、A ではないのだから B 。

例 子供**ではあるまいし**、これぐらいのケガでそんなに泣くな。
（子供ではないのだから、これぐらいのケガでそんなに泣くな）

4 __A__ とあって __B__
名詞
文

A という理由・原因から当然（思った通り）、B 。

例 暖かい週末**とあって**、行楽地はどこもたくさんの人で賑わった。
（暖かい週末だったから行楽地はどこも多くの人でにぎわった）
＊行楽地：観光名所やレジャー施設などがあり、遊び楽しめるところ。

5 __A__ ばこそ __B__
動詞・ば形

A だから B 。B の理由として A を強く言う。

例 子供のことを思え**ばこそ**、親は子供に厳しいことを言うのだ。
（こどものことを考えているから親はこどもに厳しいことを言うのだ）

6 __A__ ゆえ __B__
名詞
文

A だから B という事態・結果だ。硬い表現。

例 年末**ゆえ**、どこへ行っても混雑している。（年末だからどこへ行っても混雑している）

EXERCISE

次の（　）に入る最も適当なものを1・2・3・4から一つ選びましょう。

⇒答えはp.132

1 映画の世界（　　）、そんな偶然、起こるわけないよ。
1　とはうらはらに　　　　2　ではあるまいし
3　にしたって　　　　　　4　にひきかえ

2 家族が（　　）こそ、つらい仕事も頑張れる。
1　いた　　2　いれば　　3　いよう　　4　いる

3 女性である（　　）、自由に行動できない国もある。
1　がゆえに　　2　手前　　3　こととて　　4　なりに

4 両親（　　）私です。親にはいつも感謝していますよ。
1　にして　　2　たるもの　　3　あっての　　4　たらしめる

5 人気俳優が多数出演する（　　）、話題になっている。
1　ことと　　2　がために　　3　とあって　　4　と思いきや

6 資格を持っていない（　　）、その仕事はすることができなかった。
1　ゆえ　　2　ところを　　3　だから　　4　とはいえ

7 不慣れな（　　）、うまく説明できず申し訳ございません。
1　ことに　　2　こととて　　3　ことでは　　4　こととして

8 目標は優勝しかないとみんなに言った（　　）、こんなところで負けるわけにはいかない。
1　とあって　　2　にひきかえ　　3　からある　　4　手前

16 目的

1 A べく B
動詞・辞書形

A を目的に B。 A のために B。

例 朝一番の飛行機に乗る**べく**、5時に家を出た。
（朝一番早く出る飛行機に乗るために、5時に家を出た）

2 A んがために B
動詞・ない形

A を目的として強く意識して B。

例 大学に入ら**んがために**、予備校に通うことにした。
（なんとしても大学に入ろうと、予備校に通うことを決めた）

EXERCISE

次の（　）に入る最も適当なものを 1・2・3・4 から一つ選びましょう。

⇒答えは p.132

1 新しく出たゲームソフトを早く手に入れん（　　　）、3日前から店の前に並ぶ人がいる。

　1　こその　　　2　がために　　　3　から　　　4　ばかりに

2 少しでもいい点数を取る（　　　）、試験の前の日は寝ないで勉強する。

　1　べく　　　2　として　　　3　ばかりに　　　4　ように

17 可能・不可能

1 Aっこない
動詞・ます形

絶対にAするはずがない。絶対にAできるはずがない。

例 無理だ。1億円の借金なんて返せっこない。
（1億円の借金なんて絶対に返せるはずがない）

2 Aて Aないことはない
動詞・て形　動詞・可能形

Aするのは困難なことだが、頑張れば（無理をすれば）できる。

例 1週間じゃ無理だけど、10日あれば、やってやれないことはない。
（これを1週間でするのは無理だが、10日あれば、何とかできる）

3 A にかたくない
動詞・辞書形
名詞

今の状況からAするのは容易なことだ。

例 彼と結婚して彼女が苦労することは、想像にかたくない。
（彼と結婚したら彼女が苦労することは、容易に想像ができる）

4 A に A ない
動詞・辞書形　動詞・可能形

Aしようと思ってもAできない。それを困難にさせる理由や事情がある。

例 あまりに恥ずかしいことで、親友にも話すに話せない。
（あまりに恥ずかしいことなので、親友にも話すことができない）

5 A と思えば Aられる
動詞・意向形　　動詞・可能形

そうしたいと思って少し努力をすれば、Aができる。

例 50万円ぐらいなら、貯めようと思えば貯められる。
（少し努力をすれば、50万円なら貯められる）

122

① N1 文型の整理

6 **A としても A ものではない**
動詞・意向形　　動詞・可能形

どんなに A しようと努力しても、絶対できない、無理だ。

例 あの恐ろしい出来事は、忘れよう**としても**忘れられる**ものではない**。
（あの恐ろしい出来事は、どんなに忘れようと努力しても忘れられない）

7 **A にも A ない**
動詞・意向形　　動詞・可能形

A しようとしても／したくてもできない。
A する方法・手段がない。

例 仕事が忙しくて、彼女とデートしよう**にも**でき**ない**。
（仕事が忙しいから、彼女とデートしたいができない）

EXERCISE

次の（　）に入る最も適当なものを1・2・3・4から一つ選びましょう。

⇒答えは p.132

1 この本はとても厚いが、半日で（　　　）。

1　読んでも読めない　　　　　2　読もうと思えば読める
3　読もうにも読めない　　　　4　読むにできない

2 100万円の寄付金なんて、1日で集まる（　　　）。

1　べからず　　2　べくもない　　3　ようにもない　　4　ようがない

3 あの人の連絡先を知らないので、連絡を（　　　）。

1　取ろうと思えば取れる　　　　2　取って取れないことはない
3　取っても取れないことはない　4　取ろうにも取れない

4 会場まで（　　　）けど、暑いからタクシーに乗ろう。

1　歩くに歩けない　　　　　　　2　歩こうにも歩けない
3　歩いて歩けないことはない　　4　歩こうとして歩けるものではない

5 山本さんのお子さんが急に亡くなったそうだが、原因などは（　　　）。

1　聞いて聞けないことはなかった　2　聞こうと思えば聞けた
3　聞くに聞けなかった　　　　　　4　聞くにかたくない

123

18 評価・感想

1　A 以前の B
名詞
動詞・辞書形

Aの段階にも達していないBだ。低いレベルに対する不満や嘆く気持ちを表す。

例) 締切を2日も過ぎて提出してくるなんて、内容**以前の**問題だ。
　（締切を2日も過ぎて提出してくるなんて、内容がどうという前の段階の問題だ）

2　A かぎりだ
形容詞・い／な

本当にAと思っている。

例) 彼が味方になってくれて、心強い**かぎりだ**。
　（彼が味方になってくれたから、本当に心強いと思う）

3　A きわまる
形容詞・な

これ以上ないくらいAだ。Aすぎる。

例) 夜中の3時に電話をかけるなんて、非常識**きわまる**。
　（夜中の3時の電話に電話をかけるなんて、非常識すぎる）

4　X が A でなくてなんだろう
名詞

Xは本当にAだ、A以外のものではない。

例) この気持ち**が**愛**でなくてなんだろう**。
　（この気持ちは本当に愛だ、愛以外のものではない）

5　A といったらありゃしない
形容詞・い／な

最高にAだ、とてもAだ。

例) 彼女の化粧は、不気味**といったらありゃしない**。
　（彼女の化粧は、ほかと比べられないくらい不気味だ）

6　A にたえない
動詞・辞書形
名詞

黙ってAを続けることができないほどひどい。

例) 彼の話は下品で、聞く**にたえない**。
　（彼の話は下品で、聞いていられないほどひどい）

① N1 文型の整理

7 **Xは A にたる B**
 名詞
 動詞・辞書形　　名詞

Xは A にふさわしい B だ。

例 あの先生は尊敬する**にたる**人物だ。
　（あの先生はみんなが尊敬するのにふさわしい立派な人だ）

8 **A の至りだ**
 名詞

これ以上ないくらい A だ、という感情の強調表現。

例 憧れの歌手をこんなに近くで見られるなんて、感激**の至り**です。
　（憧れていた歌手をこんなに近くで見られるなんて、これ以上ないくらい感激だ）

9 **A の極みだ**
 名詞

とても A だ、という強調。 A の程度が限界点に至った状態。

例 親より先に死ぬなんて、親不孝**の極み**だ。
　（親より先に死ぬのは、とても親不孝なことだ）
＊親不孝：親を大切にせず、期待に反する行動をして迷惑をかけたり悲しませたりすること。

10 **A ものを**
 動詞・た形／ない形
 形容詞

本当だったら A したのに…。 A する機会が与えられなかったことを残念に思う気持ちを表す。

例 お金がないなら、貸してあげた**ものを**。
　（お金がないなら貸してあげたのに…。知らなかったから貸してあげることができなかった）

11 **Xに（は） A を禁じえない**
 名詞

Xに対して A という感情を強く感じている

例 彼の仕事ぶり**には**、失望**を禁じえない**。
　（彼の仕事の仕方や内容については、大変失望している）

EXERCISE

次の（　）に入る最も適当なものを1・2・3・4から一つ選びましょう。

⇒答えはp.132

1　こんなところで会うなんて、これが奇跡（　　　）。

　1　というところだ　　　　　　2　を余儀なくされた
　3　でなくてなんだろう　　　　4　を禁じえない

2　飛行機事故の話を聞いて、恐怖（　　　）。

　1　を余儀なくされた　　　　　2　というところだ
　3　を禁じえなかった　　　　　4　でなくてなんだろう

3　こんな素晴らしい席に招待されるなんて、光栄（　　　）。

　1　いかんだ　　　　　　　　　2　の一途だ
　3　の至りだ　　　　　　　　　4　を余儀なくされた

4　娘の結婚が決まり、親としてはうれしい（　　　）。

　1　きわまる　　　　　　　　　2　きわまりない
　3　かぎりだ　　　　　　　　　4　といったところだ

5　彼女はとても喜んでくれたので、時間をかけてプレゼントを選んだ（　　　）。

　1　にたえた　　　　　　　　　2　にたえなかった
　3　かいがあった　　　　　　　4　かいもなかった

6　いきなり独身かどうか聞くなんて、失礼（　　　）。

　1　かぎりだ　　　　　　　　　2　きわまりない
　3　にすぎない　　　　　　　　4　にかたくない

7　出勤した時に何の挨拶もしないなんて、仕事の能力（　　　）問題だ。

　1　なりの　　　　2　にたる　　　　3　以前の　　　　4　よりも

① N1 文型の整理

8 山本さんは尊敬する（　　　）先輩だ。

1　になる　　　2　にたる　　　3　にある　　　4　にする

9 こんな負け方をするなんて、悔しい（　　　）。

1　きわまる　　　　　　　　2　きわまりない
3　といったらない　　　　　4　かぎりだ

10 特にこの部分は、600度の高温に（　　　）新素材を使っています。

1　たる　　　2　たえる　　　3　かたい　　　4　かたくない

＊素材：material／材料／vật chất

11 裁判では事件の内容が詳しく説明されたが、聞く（　　　）ものだった。

1　にあたらない　2　にかたくない　3　に限らない　4　にたえない

12 会社が倒産して多額の借金を抱えた当時は、まさに不幸（　　　）でした。

1　の至り　　　2　の極み　　　3　の一途　　　4　の限り

13 彼が弁護士だとは知らなかった。知っていればもっと早く相談した（　　　）。

1　ことを　　　2　ものを　　　3　ところを　　　4　わけを

14 5時間におよんだ手術の（　　　）、祖父は亡くなってしまった。

1　かいがあって　2　かいもなく　3　にたえて　4　にたえなく

127

19 見方・考え方

1 　A たことになる
動詞・た形

そのつもりでなくても、結果的には A と同じだ。

例 図書館で借りた本、返してないんじゃない？ 返さないと泥棒したことになるよ。
（返さないと、泥棒したのと同じことだよ）

2 　Xは A というところだ
名詞

Xはだいたい A 程度だ。

例 大阪から神戸までは 30 分というところだ。
（大阪から神戸までは、だいたい 30 分程度だ）

3 　A ないものでもない
動詞・ない形

A の可能性は低いかもしれないが、 A になることもある。

例 治療次第では、治らないものでもない。
（治る可能性は低いが、どんな治療をするかによっては治るかもしれない）

4 　Xは A に（は）あたらない
動詞・辞書形
名詞

① Xは A するほどの価値はない。
② A に相当するものではない。

例1 彼の行動は称賛するにあたらない。
（彼の行動は称賛するほどのものではない。称賛する価値はない）

例2 彼の行為は法律上は犯罪にあたらないが、道徳的には非常に問題だ。
（彼の行為は法律では犯罪ではないが、道徳の面から考えると非常に問題だ）

＊称賛（する）：praise ／赞／ lời khen ngợi　　※「賞賛」とも書く。

5 　A は否めない
名詞

今の状況を考えると A という見方を否定できない。

例 事故の状況から、船長が判断ミスをした可能性は否めない。
（事故の状況から、船長が判断ミスをした可能性は否定できない）

① N1 文型の整理

| 6 | A ばそれまでだ
動詞・ば形 | もし A だったら、それ以上どうすることもできない。 |

例）いい提案だと思うけど、相手が気に入らなければ**それまでだ**。
（いい提案だと思うけど、相手が気に入らなければ、それ以上どうすることもできない）

| 7 | A までだ
動詞・辞書形／ない形／た形 | ①その場合、自分がすることは A だけだ。ほかに考えたり迷ったりする必要はない、当然に、普通に、という気持ち。
②やるべきことは全部やった。あとは A するだけだ |

例1）金を返してもらえないなら、裁判に訴える**までだ**。
（金を返してもらえなければ、普通に裁判に訴えるだけだ）

例2）受験は終わった。あとは結果を待つ**までだ**。
（受験が終わって、このあとは結果を待つだけだ）

| 8 | A までもない
動詞・辞書形 | 大したことではないので、わざわざ A する必要はない。 |

例）単なる風邪だ。病院に行く**までもない**。
（大した病気でなく、ただの風邪だ。わざわざ病院に行く必要はない）

EXERCISE

次の（　）に入る最も適当なものを1・2・3・4から一つ選びましょう。

⇒答えは p.132

1　「この靴、いくらぐらいでしょうね？」「1万5千円（　　　）じゃないですか」

　　1　というところ　　2　とあって　　3　までもない　　4　まで

2　無理して働いて出世しても、病気になってしまえば（　　　）。

　　1　それしかない　　2　それまでだ　　3　それはまだだ　　4　それがいい

3　難しいとは思うが、努力次第ではその試験に合格でき（　　　）。

　　1　ないものだ　　　　　　　　2　ないものでもない
　　3　ないではおかない　　　　　4　ないではすまない

129

4 あれだけ大きな失敗をしたら、会社を（　　　）だろう。
　1　辞めざるを得ない　　　　　2　辞めればそれまで
　3　辞めるまで　　　　　　　　4　辞めるまでもない

5 社長が考えていることなど、一社員の私には理解する（　　　）。
　1　べきだ　　　2　かねる　　　3　べくもない　　　4　かねない

6 このまま何も言わなかったら、私は彼の意見に賛成（　　　）。
　1　は否めない　　　　　　　　2　というところだ
　3　までもない　　　　　　　　4　したことになる

7 この程度の漢字は辞書で調べる（　　　）読めるはずだ。
　1　まではなく　　2　まででもなく　　3　までなく　　4　までもなく

8 今回の試合で勝てたのは、相手が弱かったからであること（　　　）。
　1　にあたらない　　　　　　　2　を禁じえない
　3　を余儀なくされた　　　　　4　は否めない

9 私の国では、なくした財布が戻ってくることなど、驚く（　　　）ことだ。
　1　にかたくない　　2　にたえない　　3　にあたらない　　4　に違いない

10 電話が通じないなら、直接その店へ行く（　　　）。
　1　までだ　　　2　までもない　　　3　にたえる　　　4　にたえない

20 禁止・NG

1 ☐☐ A べからず
動詞・辞書形

Aしてはいけないと禁止する。

例 校内でたばこを吸う**べからず**。
（校内でたばこを吸ってはいけない）

2 ☐☐ Xに／として A （ある）まじき B

Xという立場・身分の人、組織として、Aしてはならない Bだ。

例 教師**にあるまじき**行為だ。
（教師という地位にある人がしてはならない行為だ）

EXERCISE

次の（　）に入る最も適当なものを1・2・3・4から一つ選びましょう。

⇒答えは p.132

1 取材協力者の名前を勝手に明かすなんて、記者に（　　　）ことだ。

1　あることない　　　　2　あるまでもない
3　あればこその　　　　4　あるまじき

2 注意！ ここにゴミを捨てる（　　　）。

1　べし　　2　べきだ　　3　べからず　　4　べくもない

練習問題の答え

1 時間・時期
|1| 4 |2| 3 |3| 4 |4| 3 |5| 3
|6| 3 |7| 3 |8| 3 |9| 4 |10| 2

2 立場・状況・場合
|1| 2 |2| 1 |3| 3 |4| 3 |5| 2 |6| 4

3 限定
|1| 3 |2| 4 |3| 4 |4| 2 |5| 3 |6| 4

4 例示・比喩
|1| 1 |2| 3 |3| 2 |4| 3
|5| 3 |6| 1 |7| 4 |8| 4

5 対比
|1| 1 |2| 3

6 同時・2つの事柄
|1| 2 |2| 1 |3| 1 |4| 2 |5| 3 |6| 1

7 不変・無関係
|1| 2 |2| 3 |3| 4 |4| 2
|5| 3 |6| 2 |7| 1 |8| 3

8 強調・繰り返し
|1| 2 |2| 2 |3| 4 |4| 3 |5| 2 |6| 4
|7| 2 |8| 4 |9| 2 |10| 3 |11| 1

9 逆接・意外な気持ち
|1| 1 |2| 3 |3| 2 |4| 2 |5| 4

10 結果
|1| 2 |2| 4 |3| 1 |4| 3 |5| 2

11 条件・基準・方法
|1| 2 |2| 3 |3| 3 |4| 4 |5| 1 |6| 2
|7| 1 |8| 3 |9| 2 |10| 4 |11| 4 |12| 3
|13| 3 |14| 3 |15| 3 |16| 1 |17| 4 |18| 2
|19| 2 |20| 4 |21| 4

12 様子・傾向
|1| 4 |2| 2 |3| 3 |4| 4 |5| 3 |6| 1
|7| 4 |8| 3 |9| 3 |10| 2 |11| 2 |12| 1
|13| 3 |14| 1 |15| 2 |16| 2 |17| 1

13 話題・対象
|1| 1 |2| 2 |3| 4

14 意志・意向
|1| 3 |2| 2 |3| 3 |4| 2 |5| 2 |6| 4

15 理由・根拠
|1| 2 |2| 2 |3| 1 |4| 3
|5| 3 |6| 1 |7| 2 |8| 4

16 目的
|1| 2 |2| 1

17 可能・不可能
|1| 2 |2| 3 |3| 4 |4| 3 |5| 3

18 評価・感想
|1| 3 |2| 3 |3| 3 |4| 3 |5| 3
|6| 2 |7| 3 |8| 2 |9| 3 |10| 2
|11| 4 |12| 2 |13| 2 |14| 2

19 見方・考え方
|1| 1 |2| 2 |3| 2 |4| 1 |5| 3
|6| 4 |7| 4 |8| 4 |9| 3 |10| 1

20 禁止・NG
|1| 4 |2| 3

UNIT 2 言葉をつなぐ練習

文法問題では、さまざまな表現文型の意味を正しく、また、早くとらえなければなりません。紛らわしい文型を区別・整理しながら、一つずつしっかり覚えていきましょう。

N1-level sentence patterns will be split into groups based on meaning and/or function.／将N1水平的语法句型根据其意思及机能分组整理。／Sắp xếp các mẫu câu trình độ N1 chia thành nhóm theo ý nghĩa hoặc chức năng của chúng.

ドリル A

/40　/40

左の表現と同じ意味を表すように、a、bの文型のうち正しいほうを選んでください。

⇒答えは p.137

① とても心配で　⇒ 心配の（　　）
　　a．あまり　　　　　　　b．あげく

② 学生なのだから　⇒ 学生である（　　）
　　a．うえに　　　　　　　b．以上

③ 失敗するかもしれない　⇒ 失敗し（　　）
　　a．かねる　　　　　　　b．かねない

④ 倒産するかもしれない　⇒ 倒産の（　　）
　　a．得る　　　　　　　　b．おそれがある

⑤ とても残念だ　⇒ 残念な（　　）
　　a．極まる　　　　　　　b．かぎりだ

⑥ 買い物を兼ねて　⇒ 買い物（　　）
　　a．がてら　　　　　　　b．かたがた

⑦ 仕事しながら　⇒ 仕事の（　　）
　　a．そばから　　　　　　b．かたわら

133

⑧ 大人も子供も ⇒ 大人（　　）子供（　　）
　　a．であれ／であれ　　　　b．なり／なり

⑨ 成績も性格も ⇒ 成績（　　）性格（　　）
　　a．たり／たり　　　　　　b．といい／といい

⑩ 抜いたり抜かれたり ⇒ 抜き（　　）抜かれ（　　）
　　a．ながら／ながら　　　　b．つ／つ

⑪ 買うかもしれない ⇒ 買わない（　　）
　　a．ものでもない　　　　　b．ではすまない

⑫ 許可がない状態では ⇒ 許可（　　）
　　a．ならでは　　　　　　　b．なしには

⑬ 驚くほどではない ⇒ 驚く（　　）
　　a．にはあたらない　　　　b．にかたくない

⑭ 規定に合わせて ⇒ 規定に（　　）
　　a．即して　　　　　　　　b．至って
　＊規定(する)：regulations／規定／quy định

⑮ 汗で覆われている ⇒ 汗（　　）
　　a．まみれ　　　　　　　　b．ずくめ

⑯ 春になるとさすがに ⇒ 春（　　）
　　a．とはいえ　　　　　　　b．ともなれば

⑰ 香りと一緒になって ⇒ 香り（　　）
　　a．にもまして　　　　　　b．とあいまって

⑱ 許してはいけない ⇒ 許す（　　）
　　a．べからざる　　　　　　b．いかんでは

② 言葉をつなぐ練習

⑲ 料理もそうだが　⇒　料理も（　　　）
　　a．さることながら　　　　b．までもなく

⑳ 地元の住民だけでなく　⇒　地元の住民（　　　）
　　a．のみならず　　　　　　b．ではあるまいし

㉑ 辞任しなければならない　⇒　辞任を（　　　）
　　a．するにはあたらない　　b．余儀なくされる

㉒ 反撃を問題にしないで　⇒　反撃（　　　）
　　a．もさることながら　　　b．をものともせずに

㉓ まるで見てきたように　⇒　見てきた（　　　）
　　a．かのごとく　　　　　　b．かと思うと

㉔ 儲ける目的のために　⇒　儲け（　　　）
　　a．んがために　　　　　　b．ようが

㉕ 十分満足する　⇒　満足（　　　）
　　a．たる　　　　　　　　　b．にたる

㉖ 我慢できない　⇒　我慢に（　　　）
　　a．たえない　　　　　　　b．あるまじき

㉗ とてもぜいたくだ　⇒　ぜいたくの（　　　）
　　a．至りだ　　　　　　　　b．極みだ

㉘ 嫌だと言うように　⇒　嫌だと（　　　）
　　a．言わんばかりに　　　　b．言うともなしに

㉙ とても悔しい　⇒　悔しいと（　　　）
　　a．いったらありゃしない　b．といったところだ

135

㉚ 忙しいときに ⇒ お忙しい（　　）
　　　a．とばかりに　　　　b．ところを

㉛ 子供であるけれども ⇒ 子供（　　）
　　　a．とあって　　　　b．とはいえ

㉜ 京都だからこその ⇒ 京都（　　）
　　　a．なりの　　　　b．ならではの

㉝ 貸してあげたのに ⇒ 貸してあげた（　　）
　　　a．ものを　　　　b．しまつだ

㉞ 田中さん以外に ⇒ 田中さん（　　）
　　　a．をおいて　　　　b．ときたら

㉟ とても強く願う ⇒ 願って（　　）
　　　a．なくてなんだろう　　　　b．やまない

㊱ 食べても食べなくても ⇒ 食べ（　　）食べ（　　）
　　　a．ようが／まいが　　　　b．るなり／ないなり

㊲ いつもよりずっと ⇒ いつに（　　）
　　　a．ひきかえ　　　　b．もまして

㊳ 今月を最後に ⇒ 今月を（　　）
　　　a．皮切りに　　　　b．限りに

㊴ たった一人も ⇒ 一人（　　）
　　　a．たりとも　　　　b．たるもの

㊵ 山田さんだからこそ ⇒ 山田さん（　　）
　　　a．にして　　　　b．にあって

ドリルAの答え

① 正解：a
　例 **心配のあまり**、朝まで眠れなかった。

② 正解：b
　例 **学生である以上**、勉強を第一に考えなければならない。

③ 正解：b
　例 無理にやろうとすると**失敗しかねない**。

④ 正解：b
　例 A社はここ何年か大幅な赤字が続き、**倒産のおそれがある**らしい。

⑤ 正解：b
　例 あなたが会社を辞めるなんて、**残念なかぎりだ**。

⑥ 正解：a
　例 **買い物がてら**犬の散歩に行ってくるよ。

⑦ 正解：b
　例 この山小屋は、**仕事のかたわら**2年がかりで建てたものです。

⑧ 正解：a
　例 **大人であれ子供であれ**、座席を利用する場合は有料です。

⑨ 正解：b
　例 あの学生は、**成績といい性格といい**、文句のつけようがない。

⑩ 正解：b
　例 レースは**抜きつ抜かれつ**の手に汗を握る展開となった。

⑪ 正解：a
　例 この服、値段さえ予算内なら**買わないものでもない**んだけど…。

⑫ 正解：b
　例 この部屋には校長先生の**許可なしには**入れません。

⑬ 正解：a
　例 彼女はとても努力していたから、合格しても**驚くにはあたらない**。

⑭ 正解：a
　例 育児休暇をとった場合の給与の額は、**規定に則して**決定します。

⑮ 正解：a
　例 家ではわがままな娘も、バイト先では**汗まみれ**になって働いている。

⑯ 正解：b
　例 **春ともなれば**雪も解けて、山の木々も芽を出してくるだろう。

⑰ 正解：b
　例 刺激的な味とスパイスの独特の**香りがあいまって**、食欲をそそられる。

⑱ 正解：a
　例 親が自分の子供を傷つけるなんて、**許すべからざる**ことだ。

⑲ 正解：a
　例 あのレストランは**料理もさることながら**、接客サービスも超一流だ。

⑳ 正解：a
　例 その事故には**地元の住民のみならず**、訪れていた観光客も多数巻き込まれた。

㉑ 正解：b
　例 大きな事業計画がまたも失敗に終わり、社長は**辞任を余儀なくされる**だろう。

㉒ 正解：b
　例 相手チームの総力をかけた反撃をものともせずに、余裕で勝利した。

㉓ 正解：a
　例 彼女はまるで自分の目で見てきたかのごとく、興奮しながら語った。

㉔ 正解：a
　例 あの店はさらに儲けんがために、営業時間を2時間延ばした。

㉕ 正解：b
　例 何カ月もかけて制作した作品は、満足にたる出来だった。

㉖ 正解：a
　例 隣の部屋の騒音が我慢にたえないので、苦情を言いに行くことにした。

㉗ 正解：b
　例 豪華客船の旅なんて、私にとってはぜいたくの極みだ。

㉘ 正解：a
　例 野菜を口元に運ばれた娘は、嫌だと言わんばかりに顔をそむけた。

㉙ 正解：a
　※ 普通は「悔しいったらありゃしない」
　例 私の前でケーキが売り切れるなんて、悔しいったらありゃしない。

㉚ 正解：b
　例 お忙しいところをお時間を割いていただき、ありがとうございます。

㉛ 正解：b
　例 子供とはいえ、きちんと礼儀をわきまえている。

㉜ 正解：b
　例 せっかく京都に来たのだから、京都ならではの料理を食べたい。

㉝ 正解：a
　例 昨日、濡れて帰ったの？　言ってくれたら傘を貸してあげたものを。

㉞ 正解：a
　例 この仕事ができるのは田中さんをおいていないと思う。

㉟ 正解：b
　例 長年の努力の成果だ。実験の成功を願ってやまない。

㊱ 正解：a
　例 食べようが食べまいが君の自由だけど、食べ物はそれしかないよ。

㊲ 正解：b
　例 今日の課長、いつにもまして機嫌が悪いね。

㊳ 正解：b
　例 今月を限りに退社することになりました。

㊴ 正解：a
　例 安全確認を徹底して、一人たりともけが人が出ないようにします。

㊵ 正解：a
　例 これはキャリア30年の山田さんにして初めて可能なことで、私たち素人には到底無理だ。

＊わきまえる：to discern ／区分、辨別／ nhận thức rõ, hiểu rõ

ドリルB

正しい意味の文になるように、左・中・右の列から一つずつ選んで線で結んでください。

⇒答えは p.142〜143

第1回

① 駅まで散歩 ・　　・かたがた　　・　・会社の様子を話しに行った。
　あの先生は研究 ・　・がてら　　　・　・否定された。
　意見を言う ・　　　・そばから　　・　・小説を書いているそうだ。
　お見舞い ・　　　　・のかたわら　・　・新聞を買いに行く。

② わが社の初任給は25万円 ・　・からする　・　・丈夫で使いやすい。
　誕生日に10万円 ・　　　　・といった　・　・気が抜けない。
　この掃除機は安い ・　　　・たりとも　・　・ところだ。
　この作業をしている間は一瞬 ・・ながらも　・　・バッグをもらった。

＊ 初任給：initial salary／刚参加工作时的工资／tiền lương nhận đầu tiên

③ 引き受けた ・　　　・以上、　　・　・昇進はもう望めない。
　社長に反対した ・　・が最後、　・　・やらずにはすまない。
　知っていたら来た ・・ところで、・　・着ていくところがないだろう。
　そんな服、買った ・・ものを、　・　・どうして言ってくれなかったんだ。

④ 連休最後の日曜 ・　・ともなると、・　・パート先の店長になることもある。
　このイチゴ ・　　　・といえども　・　・応援にも一層熱が入る。
　主婦 ・　　　　　　・とあって　　・　・一口で食べられないほど大きい。
　決勝戦 ・　　　　　・ときたら　　・　・行楽地はどこも人でいっぱいのようだ。

⑤ 勉強している ・　　・と思いきや　・　・聞いてしまった。
　二人の話を聞く ・　・とはいえ、　・　・背中を叩かれた。
　春めいてきた ・　　・ともなしに　・　・すやすや寝ていた。
　行け ・　　　　　　・とばかりに　・　・まだまだ肌寒い。

⑥ 今年の冬は、例年 ・　・に即して　　・　・寒さが厳しい。
　震災の経験 ・　　　・にたる　　　・　・父親は泣きっぱなしだった。
　君はまだ、推薦 ・　・にひきかえ　・　・実績を残していない。
　終始笑顔の母親 ・　・にもまして　・　・地震対策マニュアルが作られた。

⑦ 手術ミスにより、病院は　　　・　　・失礼　　　　・にかたくない。
　メールで返信したとしても　　・　　・訴えられる　・にたえません。
　本当にお世話になり、　　　　・　　・理解する　　・にはあたらない。
　責任者としての彼のつらい立場は・　　・感謝の念　　・に至った。

⑧ 走り回る子供を　・　・限りに　　　　　・　・参加を取りやめたい。
　今回を　　　　　・　・皮切りに　　　　・　・救助隊員は災害現場に向かった。
　沖縄を　　　　　・　・ものともせずに　・　・全国を回るツアーが始まった。
　嵐を　　　　　　・　・よそに、　　　　・　・母親たちはおしゃべりを続けた。

第2回　　　　　　　　　　　　　　　　　　/8　/8

① 彼は自分の意見を　　　　　・　・主張しすぎる　　　　　　・　・きわまりない。
　ミスを私の　　　　　　　　・　・せいにされたので不愉快　・　・きらいがある。
　大雪の　　　　　　　　　　・　・のではないかという疑い　・　・を禁じ得なかった。
　彼が不正をした　　　　　　・　・せいで車内で夜を過ごすこと・・を余儀なくされた。

② 彼が私たちを手伝ってくれるとは　・　・心強い　　　・　・始末だ。
　むやみに他人を　　　　　　　　・　・頼る　　　　・　・べからず。
　妻がいないので毎日コンビニ弁当の・　・世話になる　・　・までだ。
　向こうが来ないのならこちらから　・　・出向く　　　・　・限りだ。

③ このような賞をもらえて　　　　・　・それ　　　・　・ったらない。
　自然に囲まれて温泉に入る　　　・　・ぜいたく　・　・の極みだ。
　いい商品でも売れなければ　　　・　・光栄　　　・　・の至りです。
　こんな高級ホテルで食事なんて　・　・気持ちよさ・　・までだ。

④ 検査の結果いかん　　・　・によっては　・　・派手すぎる広告は不快だ。
　口にこそ出さ　　　　・　・ないまでも　・　・入院しなければならない。
　彼は許してくれと言わ・　・んがための　・　・みんな心配しているよ。
　売ら　　　　　　　　・　・んばかりの　・　・顔で何度も頭を下げた。

② 言葉をつなぐ練習

⑤ このソースには添加物　・　　・はおろか、・　　・国内すら旅行に行けない。
　　旅行に行ったら、その地方・　・どころか　・　・料理を食べたいものだ
　　忙しくて、海外　　　　・　　・のみならず・　　・水さえ使われていない。
　　負けた責任は彼　　　　・　　・ならではの・　　・チーム全員にあると言える。

＊添加物：additive／添加物／chất phụ gia

⑥ ただいま　　　　　　・　　・ばかりか　　・　　・語れる言葉がある。
　　手伝わない　　　　・　　・にしてはじめて・　・文句ばかり言う。
　　現場を知る人　　　・　　・もさることながら・・本日の営業を終了いたします。
　　結婚には生活の安定・　　・をもちまして　・　　・周囲の賛成も大切だ。

⑦ 長年苦労してきた彼女は涙　　・　・まみれに・　・考えてみろ。
　　子供たちは雨上がりの公園で泥・　・なりに　・　・なって遊んでいた。
　　人の意見を聞くだけでなく、自分・・以外　　・　・語り始めた。
　　危険につき、関係者　　　　　・・ながらに・　・入るべからず。

⑧ 彼が犯人だとは夢に・　・とて　・　・会社は成り立つ。
　　入院は初めてのこと・　・だに　・　・何をどうしていいのかわからない。
　　社員の働きがあって・　・なんて・　・思わなかった。
　　こんな不良品を売る・　・こそ、・　・有名店とは思えない。

141

ドリルBの答え

第1回

①
- 駅まで**散歩がてら**新聞を買いに行く。（⇒散歩のついでに）
- あの先生は**研究のかたわら**小説を書いているそうだ。（⇒研究をしながら）
- **意見を言うそばから**否定された。（⇒意見を言うとすぐに）
- **お見舞いかたがた**会社の様子を話しに行った。（⇒お見舞いを兼ねて、お見舞いとともに）

②
- わが社の初任給は **25万円といったところだ**。（⇒だいたい25万円だ）
- 誕生日に **10万円からする**バッグをもらった。（⇒10万円もする）
- この掃除機は**安いながらも**丈夫で使いやすい。（⇒安くても）
- この作業をしている間は**一瞬たりとも**気が抜けない。（⇒一瞬も、ほんのわずかな時間も）

③
- 引き受けた以上、**やらずにはすまない**。（⇒やるしかない、やらないということはできない）
- 社長に反対した**が最後**、昇進はもう望めない。（⇒のだから、もう）
- 知っていたら**来たものを**、どうして言ってくれなかったんだ。（⇒来たのに）
- そんな服、**買ったところで**、着ていくところがないだろう。（⇒買ったとしても）

④
- 連休最後の**日曜とあって**行楽地はどこも人でいっぱいだ。（⇒日曜だから、さすがに）
- このイチゴ**ときたら**一口で食べられないほど大きい。（⇒このイチゴはほかと違って）
- **主婦といえども**パート先の店長になることもある。（⇒主婦であっても）
- **決勝戦ともなると**、応援に熱が入る。（⇒決勝戦は特別で、今までと違って）

⑤
- 勉強していると**思いきや**すやすや寝ていた。（⇒勉強しているのだと思っていたら、驚いたことに）
- 二人の話を**聞くともなしに**聞いてしまった。（⇒聞く気もなかったのだが自然に聞こえたので）
- **春めいてきたとはいえ**、まだまだ肌寒い。（⇒春らしくなってきたと言っても）
- **行けとばかりに**背中を叩かれた。（⇒まるで「行け」と言っているように）

⑥
- 今年の冬は、**例年にもまして**寒さが厳しい。（⇒例年よりもっと）
- 震災の**経験に即して**地震対策マニュアルが作られた。（⇒経験に合わせて）
- 君はまだ、**推薦にたる**実績を残していない。（⇒推薦に十分見合う）
- 終始笑顔の**母親にひきかえ**父親は泣きっぱなしだった。（⇒母親とは正反対で）

⑦
- 手術ミスにより、病院は**訴えられるに至った**。（⇒訴えられるひどい事態にまでなった）
- メールで返信したとしても**失礼にはあたらない**。（⇒失礼にはならない）
- 本当にお世話になり、**感謝の念にたえません**。（⇒とても感謝しています）

- 責任者としての彼のつらい立場は**理解するにかたくない**。（⇒簡単に理解できる）

⑧
- 走り回る**子供をよそに**、母親たちはおしゃべりを続けた。（⇒子どもに関知せず、無視するように）
- **今回を限りに**参加を取りやめたい。（⇒今回を最後に）
- **沖縄を皮切りに**全国を回るツアーが始まった。（⇒沖縄をスタートとして）
- **嵐をものともせずに**救助隊員は災害現場に向かった。（⇒嵐に負けないで）

第2回

①
- 彼は自分の意見を**主張しすぎるきらいがある**。（⇒主張しすぎる傾向がある）
- ミスをわたしのせいにされたので**不愉快きわまりない**。（⇒とても不愉快だ）
- 大雪のせいで車内で夜を**過ごすことを余儀なくされた**。（⇒夜を過ごすしかなかった）
- 彼が不正をしたのではないかという**疑いを禁じ得なかった**。（⇒疑う気持ちが消えなかった）

＊不正：正しくない行為・行動。

②
- 彼が私たちを手伝ってくれるとは**心強い限りだ**。（⇒とっても心強い）
- むやみに他人を**頼るべからず**。（⇒頼ってはいけない）
- 妻がいないので毎日コンビニ弁当の**世話になる始末だ**。（⇒世話になるという情けない結果だ）
- 向こうが来ないのならこちらから**出向くまでだ**。（⇒出向くだけだ）

＊心強い：安心できる。
＊出向く：自分のほうから行く。

③
- このような賞をもらえて**光栄の至りです**。（⇒とても光栄です）
- 自然に囲まれて温泉に**入る気持ちよさったらない**。（⇒入るのが一番気持ちいい）
- いい商品でも**売れなければそれまでだ**。（⇒売れなければ意味がない）
- こんな高級ホテルで食事なんて**ぜいたくの極みだ**。（⇒これ以上のぜいたくはない）

＊光栄：honor／荣幸／vinh dự

④
- 検査の**結果いかんによっては**入院しなければならない。(⇒結果がどうなるかによっては)
- **口にこそ出さないまでも**みんな心配しているよ。(⇒口に出しては言わないけれども)
- 彼は許してくれと**言わんばかりの**顔で何度も頭を下げた。(⇒言っているような)
- **売らんばかりの**派手すぎる広告は不快だ。(⇒売ることしか考えていないような)

＊頭を下げる：謝る。お願いをする。

⑤
- このソースには**添加物はおろか**水さえ使われていない。(⇒添加物はもちろん)
- 旅行に行ったら、**その地方ならではの**料理を食べたいものだ。(⇒その地方独特の)
- 忙しくて、**海外どころか**国内すら旅行に行けない。(⇒海外は当然で)
- 負けた責任は**彼のみならず**チーム全員にあると言える。(⇒彼だけではなく)

⑥
- **ただいまをもちまして**本日の営業を終了いたします。(⇒ちょうどいまで)
- **手伝わないばかりか**文句ばかり言う。(⇒手伝わないだけではなく、反対に)
- 現場を知る**人にしてはじめて**語れる言葉がある。(⇒人だからこそ)
- 結婚には生活の**安定もさることながら**周囲の賛成も大切だ。(⇒安定ももちろんだが)

⑦
- 長年苦労してきた彼女は**涙ながらに**語りはじめた。(⇒涙を流しながら)
- 子どもたちは雨上がりの公園で**泥まみれになって**遊んでいた。(⇒全身泥だらけになって)
- 人の意見を聞くだけでなく、**自分なりに**考え

てみろ。(⇒自分自身の方法で)
- 危険につき、関係者以外**入るべからず**。(⇒入ってはいけない)

⑧
- 彼が犯人だとは**夢にだに**思わなかった。(⇒本当に夢にも)
- 入院は**初めてのこととて**何をどうしていいのかわからない。(⇒初めてのことだから)
- 社員の働きが**あってこそ**、会社は成り立つ。(⇒あるから)
- こんな不良品を**売るなんて**有名店とは思えない。(⇒売るというようなひどいことをするとは)

ドリルC

1〜4の言葉を使って文を完成させましょう。

⇒答えは p.149〜150

第1回

① この町は ＿＿＿ ＿＿＿ ＿＿＿ ＿＿＿ で 賑やかになる。

    1 なると　　2 若者たち　　3 とも　　4 夜

② ＿＿＿ ＿＿＿ ＿＿＿ ＿＿＿ 、それぐらいのけがで泣くな。

    1 あるまい　　2 では　　3 子供　　4 し

③ あの新車は 未来的な ＿＿＿ ＿＿＿ ＿＿＿ ＿＿＿ すばらしい。

    1 さること　　2 性能も　　3 ながら　　4 デザインも

④ あの寺は ＿＿＿ ＿＿＿ ＿＿＿ ＿＿＿ を作り出している。

    1 相まって　　2 美しい景観　　3 とも　　4 周囲の自然

⑤ 海外から招いたジャズバンドの演奏 ＿＿＿ ＿＿＿ ＿＿＿ ＿＿＿ 。

    1 開幕した　　2 を　　3 音楽祭は　　4 皮切りに

*開幕（する）：（イベントが）始まること。

⑥ 年末には 一年の ＿＿＿ ＿＿＿ ＿＿＿ ことにしている。

    1 お礼　　2 伺う　　3 かたがた　　4 先生のご自宅に

⑦ 彼女は ＿＿＿ ＿＿＿ ＿＿＿ ＿＿＿ を手に入れた。

    1 多くの苦労を　　2 努力を続けた結果
    3 ものともせず　　4 現在の地位

⑧ 二人の ＿＿＿ ＿＿＿ ＿＿＿ ＿＿＿ 夜遅くまで帰ってこなかった。

    1 少年は　　2 親の　　3 よそに　　4 心配を

⑨ この商品はとても人気があって、＿＿ ＿＿ ＿＿ ＿＿ 。
　1 そばから　　2 店頭に　　3 売れていく　　4 置いた

＊店頭：店の売り場。

⑩ 得意先との ＿＿ ＿＿ ＿＿ ＿＿ 、また遅刻してきたんだよ。
　1 ときたら　　2 大事な会議　　3 山田くん　　4 なのに

⑪ ＿＿ ＿＿ ＿＿ ＿＿ が増えてきた。
　1 起業する　　2 大学に通う　　3 若者　　4 かたわら

⑫ 彼独特の ＿＿ ＿＿ ＿＿ ＿＿ 。
　1 この作品を　　2 たらしめている　　3 発想こそが　　4 芸術

⑬ 学生時代は ＿＿ ＿＿ ＿＿ ＿＿ ものだ。
　1 まで　　　　　　　　2 徹夜のアルバイト
　3 学費を貯めていた　　4 して

⑭ 諸般の事情により ＿＿ ＿＿ ＿＿ ＿＿ になりました。
　1 閉店すること　　2 を　　3 今月末　　4 もって

＊諸般の：もろもろの。いろいろな。

⑮ ＿＿ ＿＿ ＿＿ ＿＿ 彼女は無名の新人に負けてしまった。
　1 とは　　2 に　　3 予想　　4 うらはら

⑯ 十分な ＿＿ ＿＿ ＿＿ ＿＿ に説得力はない。
　1 出した　　2 議論　　3 結論　　4 なくして

第2回

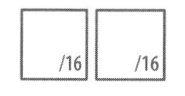

① ____ ____ ____ ____ みんな彼女の成功を祈っていた。
　1　までも　　　2　出して　　　3　言わない　　　4　口に

② 処理すべき書類を ____ ____ ____ ____ やるのを忘れていた。
　1　机の上　　　2　なり　　　3　に　　　4　置いた

③ あの客は ____ ____ ____ ____ だろう。
　1　ところで　　　2　簡単には
　3　許してくれない　　　4　謝った

④ この城は最近、____ ____ ____ ____ 観光客が増えている。
　1　きれいに　　　2　とあって　　　3　改修されて　　　4　なった

＊改修(する)：repair／改建／sửa chữa, cải tạo

⑤ ____ ____ ____ ____ 、スイッチを入れていなかった。
　1　炊けている　　　2　と　　　3　ごはんが　　　4　思いきや

⑥ 彼は机の上に書類を ____ ____ ____ ____ しまった。
　1　で　　　2　出し　　　3　出かけて　　　4　っぱなし

⑦ 子供たちはお風呂の中で ____ ____ ____ ____ 遊んでいた。
　1　泡　　　2　石けんの　　　3　になって　　　4　まみれ

⑧ 彼女は返事の代わりに ____ ____ ____ ____ 去って行った。
　1　めいた　　　2　ほほえみを　　　3　謎　　　4　残して

⑨ この病気は手術をすれば ____ ____ ____ ____ 。
　1　ない　　　2　もの　　　3　治らない　　　4　でも

⑩ この辺りで虫を食べるのは ＿＿ ＿＿ ＿＿ ＿＿ 。

1　にはあたらない　　　　　　2　驚く
3　ごく普通のこと　　　　　　4　なので

⑪ 締め切りが迫っていたので ＿＿ ＿＿ ＿＿ ＿＿ 。

1　まで　　　　　　　　　　　2　余儀なくされた
3　徹夜を　　　　　　　　　　4　完成させる

⑫ 彼にはいろいろ言いたいことがある。 ＿＿ ＿＿ ＿＿ ＿＿ 。

1　行くまでだ　　　　　　　　2　こちらから
3　いくら言っても　　　　　　4　来ないのなら

⑬ 将来性のないこの事業を続ければ ＿＿ ＿＿ ＿＿ ＿＿ 。

1　支障が出ることは　　　　　2　経営に
3　かたくない　　　　　　　　4　想像に

＊支障が出る：to encounter an obstacle ／有影响、有障碍／ nảy sinh trở ngại

⑭ 京都から大阪までは ＿＿ ＿＿ ＿＿ 。

1　ところだ　　2　時間　　3　30分という　　4　にすると

⑮ 自分が運転する車の事故で ＿＿ ＿＿ ＿＿ ＿＿ 。

1　痛ましい　　2　とは　　3　限りだ　　4　家族を亡くす

⑯ この契約書に ＿＿ ＿＿ ＿＿ 。

1　ある以上　　　　　　　　　2　ではすまない
3　あなたのサインが　　　　　4　知らなかった

ドリルCの答え

第1回

① **4-3-1-2**
この町は**夜ともなると**若者たちで賑やかになる。（⇒特に夜になると）

② **3-2-1-4**
子供ではあるまいし、それぐらいのけがで泣くな。（⇒子供ということでもないのだから）

③ **4-1-3-2**
あの新車は未来的な**デザインもさることながら**性能もすばらしい。（⇒デザインもそうだけど）
参 ～のみならず

④ **4-3-1-2**
あの寺は周囲の**自然とも相まって**美しい景観を作り出している。（⇒自然も一緒になって、自然と互いに作用し合って）

⑤ **2-4-3-1**
海外から招いたバンドの**演奏を皮切りに**音楽祭は開幕した。（⇒演奏をスタートとして）
参 ～をきっかけに

⑥ **1-3-4-2**
年末には一年の**お礼かたがた**先生のお宅に伺うことにしている。（⇒お礼を兼ねて）
参 ～がてら

⑦ **1-3-2-4**
彼女は多くの**苦労をものともせず**努力を続けた結果、現在の地位を手に入れた。（⇒苦労に負けず、苦労を乗り越えて）
参 ～をよそに

⑧ **1-2-4-3**
二人の少年は**親の心配をよそに**夜遅くまで帰ってこなかった。（⇒親の心配を気にすることなく、無視するかのように）

⑨ **2-4-1-3**
この商品はとても人気があって、店頭に**置いたそばから**売れていく。（⇒置いたらすぐに）
参 ～や否や、～た途端

⑩ **2-4-3-1**
得意先との大事な会議なのに、**山田くんときたら**、また遅刻してきたんだよ。（⇒山田くんは、あきれたことに）

⑪ **2-4-1-3**
大学に**通うかたわら**起業する若者が増えてきた。（⇒通いながら）
参 ～ついでに、～かたがた

⑫ **3-1-4-2**
彼独特の発想こそがこの作品を**芸術たらしめている**。（⇒芸術として存在させている）

⑬ **2-1-4-3**
学生時代は**徹夜のアルバイトまでして**学費を貯めていたものだ。（⇒徹夜のアルバイトという苦労までして）

⑭ **3-2-4-1**
諸般の事情により、**今月末をもって**閉店することになりました。（⇒今月末で）
類 ～限りで

⑮ **3-1-4-2**
予想とはうらはらに、彼女は無名の新人に負けてしまった。（⇒予想とは全く反対になって）
類 ～に反して

⑯ **2-4-1-3**
十分な**議論なくして**出した結論に説得力はない。（⇒議論をせずに）

第2回

① 4-2-3-1
口に出して**言わないまでも**、みんな彼女の成功を祈っていた。（⇒言わなくても）

② 1-3-4-2
処理すべき書類を机の上に**置いたなり**やるのを忘れていた。（⇒置いたまま）

③ 4-1-2-3
あの客は**謝ったところで**簡単には許してくれないだろう。（⇒謝ったとしても）
類 ～とはいえ

④ 3-1-4-2
この城は最近、改修されて**きれいになったとあって**観光客が増えている。（⇒きれいになったので）
類 ～かいあって

⑤ 3-1-2-4
ご飯が**炊けていると思いきや**、スイッチが入ってなかった。（⇒炊けていると思ったが、驚いたことに）

⑥ 2-4-1-3
彼は机の上に書類を**出しっぱなし**で出かけてしまった。（⇒出したまま片付けないで）

⑦ 2-1-4-3
子供たちはお風呂の中で石けんの**泡まみれ**になって遊んでいた。（⇒泡で全身覆われた状態で）
類 ～づくめ

⑧ 3-1-2-4
彼女は返事の代わりに**謎めいた**ほほえみを残して去って行った。（⇒謎のようなほほえみ）
類 ～っぽい

⑨ 3-4-2-1
この病気は手術をすれば**治らないものでもない**。（⇒治る可能性はある）
類 ～ないとは限らない

⑩ 4-1-3-2
この辺りで虫を食べるのはごく普通のことなので**驚くにはあたらない**。（⇒驚くことではない）

⑪ 3-4-2-1
締め切りが迫っていたので、完成させるまで**徹夜を余儀なくされた**。（⇒徹夜をするしかなかった）

⑫ 3-4-2-1
いくら言っても来ないのなら、こちらから**行くまでだ**。（⇒行くだけだ）

⑬ 2-1-4-3
将来性のないこの事業を続ければ、経営に**支障が出ることは想像にかたくない**。（⇒支障が出ると簡単に予想できる）

⑭ 2-4-3-1
京都から大阪までは時間にすると**30分というところだ**。（⇒30分ぐらいだ）

⑮ 4-2-1-3
自分が運転する車の事故で家族を亡くすとは**痛ましい限りだ**。（⇒とても痛ましい）
類 ～といったらない、～ばかりだ

⑯ 3-1-4-2
この契約書にあなたのサインがある以上**知らなかったではすまない**。（⇒知らなかったと言い逃れすることはできない）

ドリル D

次の言葉を並べ替えて正しい文を作ってください。

⇒答えは p.155〜156

例 予約を／入れません／でないと／店は／から／その／して

⇒ その店は予約をしてからでないと入れません。

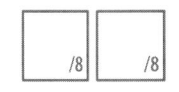

第1回

① あっての／皆さんの／この／ことです／成功は／ご協力

⇒ ＿＿＿＿＿＿＿＿＿＿＿＿＿＿＿＿＿＿＿＿＿＿＿＿＿＿＿＿＿＿

② 留年も／成績／いかんに／あり得る／テストの／よっては

⇒ ＿＿＿＿＿＿＿＿＿＿＿＿＿＿＿＿＿＿＿＿＿＿＿＿＿＿＿＿＿＿

＊留年：repeating a year ／留级／ lưu ban

③ 寮費は／食べまいと／3万円／夕食を／です／1か月／食べようと

⇒ ＿＿＿＿＿＿＿＿＿＿＿＿＿＿＿＿＿＿＿＿＿＿＿＿＿＿＿＿＿＿

④ 帰ろう／たくさん／残っていて／帰れなかった／仕事が／早く／にも／ゆうべは

⇒ ＿＿＿＿＿＿＿＿＿＿＿＿＿＿＿＿＿＿＿＿＿＿＿＿＿＿＿＿＿＿

⑤ 乗り込んで／一斉に／扉が／電車の／きた／早いか／乗客が／開くが

⇒ ＿＿＿＿＿＿＿＿＿＿＿＿＿＿＿＿＿＿＿＿＿＿＿＿＿＿＿＿＿＿

⑥ 表情で／うそをついた／父は／にらみつけた／鬼の／私を／ごとき／

⇒ ＿＿＿＿＿＿＿＿＿＿＿＿＿＿＿＿＿＿＿＿＿＿＿＿＿＿＿＿＿＿

＊にらみつける：glare ／仇视／ lườm

⑦ 利用する／許可／なしに／を禁じます／駐車場を／こと

⇒ ＿＿＿＿＿＿＿＿＿＿＿＿＿＿＿＿＿＿＿＿＿＿＿＿＿＿＿＿＿＿

⑧ 兼ねた／となった／ずくめの／オリンピックの／大会／記録／予選を／今大会は

⇒ _____

第2回

① 撮った／には／見る／彼の／者の／おかなかった／心を／写真は／動かさず

⇒ _____

② その会社／ならない／ところで／大した／と／には／だろう／契約した／利益

⇒ _____

③ 接する／たる／には／べきだ／者／教師／公平に／学生

⇒ _____

④ 選手／汗／展開された／手に／抜かれつの／抜きつ／レースが／握る／二人の／による

⇒ _____

⑤ 出し／引き出し／出し／夫はいつも／っぱなし／物を／たら／から／だ

⇒ _____

⑥ 天候／無理／陸路／空路／行く／であれ／であれ／では／のは／この／だ

⇒ _____

⑦ バスに／電車や／車の／免許を／もの／から／なく／取って／乗ら／なった／という

⇒ _____

⑧ 何だろう／幸せで／家族と／生活が／なくて／過ごせる／この

⇒ _____

第3回

① 一度／たら／まい／ある／わかる／聞い／子供／じゃ／し／よ

⇒ _____

② ぴったり／この／話／絵本／絵／子供に／小さい／といい／といい／だ／は

⇒ _____

③ じゃ／知ってる／した／ところで／詳しく／私／ない／わけ／に

⇒ _____

④ すまない／知らない／おき／では／あんな／かけて／ながら／を／ぞ／に／迷惑

⇒ _____

⑤ 身の上話は／悲惨な／涙／彼女の／もの／なくしては／だった／聞けない

⇒ _____

⑥ 「さようなら」／部屋／彼女／一言／なり／と／は／を／出て／言う／行った

⇒ _____

⑦ して／メールする／知らせる／電話する／着いたら／無事に／べきだ／なり／なり

⇒ _____

⑧ できません／こと／個人情報／これ／なので／お話し／かかわる／は／に／詳しく

⇒ _____

第4回

① 光栄／代表／チーム／ことが／日本／できて／入る／至り／に／の／です

⇒ _____

② べく／一人でも／救助隊員たち／徹夜で／被災者／多くの／作業した／救う／は／を

⇒ _____

③ 行為／生徒／教師／暴力／ある／ふるう／だ／に／に／を／など／まじき

⇒ _____

④ わかる／見る／これ／日本語／辞書／まで／くらい／よ／の／を／も／だったら／なく

⇒ _____

⑤ 3月／春／今年／めいて／入って／きた／ようやく／も／に

⇒ _____

⑥ 許せない／犯した／ゆえの／決して／彼の／といっても／過ち／罪は／若さ

⇒ _____

⑦ 大げさな／かえって／おそれ／反感／消費者／広告／ための／買う／ある／売らん／を／の／は／が／が

⇒ _____

＊反感：antipathy ／反感／ ác cảm

⑧ 一斉に／12時の／教室を／学生たちは／チャイムが／飛びだして／鳴る／いった／や否や

⇒ _____

ドリルDの答え

※ 問題によっては、部分的に別の語順が可能な場合もあります。

✏ 第1回

① この成功は皆さんの**ご協力あってのこと**です。（⇒協力があったから）
類 〜のおかげ

② テストの**成績いかんによっては**、留年もあり得る。（⇒成績がどうかによっては）
同 〜次第では

③ 夕食を**食べようと食べまいと**、寮費は1か月3万円です。（⇒食べるか食べないかに関係なく）
同 〜ようが〜まいが

④ ゆうべは仕事がたくさん残っていて、早く**帰ろうにも**帰れなかった。（⇒帰りたくても）

⑤ 電車の扉が**開くが早いか**乗客が一斉に乗り込んできた。（⇒開くとすぐに）
類 〜や否や

⑥ 父はうそをついた私を**鬼のごとき**表情でにらみつけた。（⇒鬼のような）

⑦ **許可なしに**駐車場を利用することを禁じます。（⇒許可を受けないで）

⑧ オリンピックの予選を兼ねた今大会は**記録ずくめ**の大会となった。（⇒記録がたくさん出た）
類 〜だらけの

✏ 第2回

① 彼の撮った写真は見る者の心を**動かさずにはおかなかった**。（⇒動かした）

② その会社と**契約したところで**、大した利益にはならないだろう。（⇒契約したとしても）

③ **教師たる者**、学生には公平に接するべきだ。（⇒教師という職業の者であれば）

④ 二人の選手による**抜きつ抜かれつ**の手に汗握るレースが展開された。（⇒抜いたり抜かれたり）

⑤ 夫はいつも引き出しから物を出したら**出しっぱなしだ**。（⇒出したままでしまわない）
類 〜たまま

⑥ **陸路であれ空路であれ**、この天候では行くのは無理だ。（⇒陸路でも空路でも）
同 〜にせよ〜にせよ

⑦ 車の免許を**取ってからというもの**、電車やバスに乗らなくなった。（⇒取ってからはずっと）
類 〜たが最後

⑧ 家族と過ごせるこの生活が**幸せでなくて何だ**ろう。（⇒まさに幸せだ）

第3回

① **子供じゃあるまいし**、一度聞いたらわかるよ。（⇒子供ではないのだから）

② この絵本は**話といい、絵といい**小さい子供にぴったりだ。（⇒話も絵も）

③ **私にしたところで**、詳しく知ってるわけじゃない。（⇒私もほかの人と同じように）

④ あんなに迷惑をかけておきながら**知らないではすまない**ぞ。（⇒知らないと言い逃れはできない）

⑤ 彼女の身の上話は**涙なくしては聞けない**悲惨なものだった。（⇒聞くと涙が自然に出てくる）

⑥ 彼女は一言「さようなら」と**言うなり**部屋を出て行った。（⇒言うとすぐ）
　類 ～や否や

⑦ 無事に着いたら、**メールするなり電話するなり**して知らせるべきだ。（⇒メールをするとか電話をするとかなんらかの方法で）

⑧ これは**個人情報にかかわる**ことなので、詳しくお話しできません。（⇒個人情報に関係する）

第4回

① 日本代表チームに入ることができて、**光栄の至り**です。（⇒とても光栄）

② 救助隊員たちは一人でも多くの被災者を**救うべく**徹夜で作業した。（⇒救おうと）

③ 生徒に暴力をふるうなど、**教師にあるまじき**行為だ。（⇒教師にはあってはならない）

④ これくらいの日本語だったら辞書を**見るまでもなく**、わかるよ。（⇒見なくても）

⑤ 今年も3月に入ってようやく**春めいてきた**。（⇒春らしくなって）
　類 ～っぽく

⑥ **若さゆえの過ち**といっても、彼の犯した罪は決して許せない。（⇒若いから犯してしまう過ち）

⑦ **売らんがため**の大げさな広告は、かえって消費者の反感を買うおそれがある。（⇒どんなことをしても売ることだけが目的）

⑧ 12時のチャイムが**鳴るや否や**、学生たちは一斉に教室を飛び出していった。（⇒鳴ると、待っていたかのようにすぐに）
　類 ～た途端、～なり

UNIT 3 文と文をつなぐ練習

　文法問題では、一つひとつの文だけでなく、文と文のつながりや文章の流れの中で、言葉や表現を正しく理解することが問われます。それには、文と文をつなぐ言葉の意味や働きを理解することが大切です。指示詞や接続詞、副詞などを中心に復習しましょう。
Grammar questions test your ability to correctly understand words and expressions as they function when used not only in single sentences, but also when used to connect sentences or in the course of a paragraph. This is why it is important to understand the meaning and function of words that connect sentences together. Let's go over some demonstratives, conjunctions, and adverbs.
／在语法问题方面，不仅仅只局限每个句子，重要的是在句子与句子连接的文章中，正确地理解词汇意思和表现。以指示词、接续词、副词为中心复习一下。／Trong bài ngữ pháp, bạn cần phải hiểu ý của các từ ngữ hoặc biểu hiện một cách chính xác trong sự kết hợp giữa nhiều câu hoặc đoạn văn chứ không chỉ trong một câu. Để thực hiện điều đó, bạn cần phải hiểu ý nghĩa hoặc chức năng của những từ ngữ kết hợp câu. Hãy ôn lại từ chỉ định, liên từ và phó từ v.v..

1 ドリル A

⇒答えは p.162　　/15　/15

次の下線部の指示詞は 1～4 のどれを指していますか。最も適当なものを 1 つ選んでください。

① 　テーブルの上には黄色い花が飾ってあった。窓辺の白いカーテンを風が揺らし、庭の緑がちらちら見える。トオルがお茶をいれてくれると、<u>その</u>香りがふわぁっと広がった。

　　1　黄色い花　　　2　庭の緑　　　3　トオル　　　4　お茶

② 　中央駅の周囲には高層ビルが林立しスーツ姿の人が行き来していたが、一駅離れただけのこの町の商店街には買い物客の姿が多く見られ、賑やかな声が飛び交っていた。<u>ここ</u>なら住めると私は思った。

　　1　中央駅近く　　2　高層ビル　　3　この町　　　4　商店街

＊林立（する）：林の木のようにたくさん立ち並ぶこと。
＊飛び交う：（鳥や物、声などが）いろいろな方向に飛んでいる様子。

③「明日、天気悪そうだね。映画行くの、やっぱりやめとくわ。」
　「なんで？　天気が悪いったって寒くなるだけでしょ。風邪でも引いた？」
　「ううん。来月の資格試験の準備もしたいし…。」
　「えーっ？　今さら<u>そんなこと</u>言われても…。」

　　1　天気が悪そうだから映画に行かないこと
　　2　寒くなるから映画に行かないこと
　　3　風邪を引いたから映画に行かないこと
　　4　試験準備をしたいから映画に行かないこと

④「団体旅行は自由がないからいやだな。」
「でも、効率よく回れるし、荷物を運ぶ心配もしなくていいし、楽だよ。」
「そうは言っても、決められたところに決められた時間しかいられないでしょ？」
「そんなことない。これ見て。最終日は自由行動日だよ。買い物するなり美術館に行くなり好きなことに使えばいいんだよ。」
「そうなんだ。」
「一度行ったところでも、行きたければ、もう一度行ったっていいんだから。」

  1 団体旅行は効率よく回れる。
  2 団体旅行は荷物を運ぶ心配をしなくてもいい。
  3 自由行動日には、買い物しても美術館に行ってもいい。
  4 自由行動日には、一度行ったところにもまた行っていい。

⑤ 工場や車から排出される化学物質は大気汚染の元凶であることは確かだ。しかし、大気には境界がないことから、問題はそれが一つの町のみならず、近隣の市町村へも大きな影響を及ぼすことだ。

  1 工場や車 2 化学物質 3 境界 4 近隣の市町村

＊元凶：悪い事態を引き起こしたもの、最初の原因になるもの。
＊近隣(の)：近くの。

⑥ その町工場は都心から30分あまり離れた下町にあり、従業員は15, 6人といったところだった。毎日油まみれになって働いている父の姿は、決して友達に自慢したいものではなかった。ただ、父が作った部品が宇宙ステーションの一部になっていると聞いた時は、晴れがましい気持ちになった。しかし、その父も定年を迎え、3月限りでそこを去る。

  1 町工場 2 都心 3 下町 4 宇宙ステーション

＊晴れがましい：formal, grand／隆重／dáng vui mừng, dáng khoe khoang

⑦ 私は日曜日ごとに、犬の散歩がてら少し離れたところに住む年老いた両親を訪ねている。道筋にある桜並木が、季節ともなると多くの人を集め、昼時には弁当や飲み物を売る店まで出て、たいそう賑やかになる。だが、私が歩く早朝の時間帯は、日曜日でも近所の人がちらほらといった程度なので、この季節の散歩はぜいたくの極みだと思っている。

  1 日曜ごとに犬の散歩をする季節
  2 桜並木の桜が咲く季節
  3 弁当や飲み物を売る店が出る季節
  4 近所の人がちらほらいる季節

⑧　最近、警察官や教師など、ほかの人の模範となるべき人の犯罪が増えている気がする。「教師たるもの、聖人君子であれ」とは言わないまでも、犯罪者としてテレビや新聞を賑わしてほしくない。「教師とはいえ普通の人間だ」では困る。特に盗撮や性犯罪など、教師にあるまじき愚かな罪にはうんざりだ。教育にかかわる人間には求められるモラルがあると思う。自分の教え子たちにその顔を向けられるのか、自問自答してほしい。

　　1　警察官の顔　　2　教師の顔　　3　犯罪者の顔　　4　教え子の顔

＊模範：scale／模范／mô phạm
＊聖人君子：a saint／圣人君子／vị thánh, quân tử
＊盗撮(する)：secret photography／偷拍／chụp trộm

⑨　自転車を運転していて事故にあってからというもの、自転車に乗るのが怖くなった。もともと自転車が好きだったこともあって、どこへ行くのにも自転車を利用していた。市内では、バスや地下鉄より自転車に乗るのが当たり前の毎日だった。友人に「そんなところまで自転車で行くの？」と感心されるのが快感であったりもした。しかし、人とぶつかり、ケガをし、自転車が壊れてしまった時の感覚は忘れようにも忘れられない。命にかかわる事故でなかったからよかったようなものの、あの経験は確実に私を変えてしまった。

　　1　自転車を運転していて事故にあったこと
　　2　どこへ行くのにも自転車を利用していたこと
　　3　バスや地下鉄より自転車に乗るのが当たり前だったこと
　　4　友人にそんなところまで自転車で行くのかと感心されること

⑩　日本の企業においても、長期雇用を前提とした「年功制」の賃金制度から、仕事の内容や会社にどれだけ役に立つ働きをするかなど、役割に応じて賃金を支払う制度への移行が、少しずつ進んでいる。つまり、役職に就けばそれに見合った賃金が支払われるが、役職から離れればそれまで、ということになる。企業側は社員のやる気を促し、チャレンジ精神を引き出すため、としている。国際的にも企業間競争が激化の一途をたどる昨今、ベテラン社員といえども、のんびり企業に雇われるということはなくなると見て間違いないだろう。

　　1　長く働いていることでできる仕事の能力
　　2　会社にどれだけ貢献するかという役割
　　3　やる気やチャレンジ精神
　　4　ベテラン社員が持っている経験

＊年功制：年齢や会社にいる年数、経験年数を基準にすること。

⑪　星空を眺めることはあるだろうか。明るい都会では、月ならいざ知らず、夜空の星に気づくことも少ない。町の子供を山に連れて行くと、星が多すぎて怖いとさえ言うくらい、星との縁は遠くなった。星はかなり遠い位置にあるのだが、すぐ近くを飛ぶ「宇宙ごみ」をご存じだろうか。すごいスピードで地球を周回し続けているロケットや人工衛星の破片などのことだ。その数は、登録されているものだけでも1万個近くあるという。この宇宙ごみ、直径が10cmもあれば宇宙船を壊すほどの破壊力があり、ぶつかると人工衛星を再びごみにしてしまう。そのため、常時いくつもの国が監視をしている。星空は美しく、ロケットの打ち上げもわくわくするものだが、見上げた空にごみが飛び交っているとは、ちょっと想像ができない。

　　　1　星より近い位置にある宇宙ごみ
　　　2　地球を周回している宇宙ごみ
　　　3　登録されている宇宙ごみ
　　　4　直径が10cmある宇宙ごみ

＊破片：fragment／碎片／mảnh vỡ
＊監視(する)：observation／監視／giám thị

⑫　日本人に向かって、「あなたの好きな桜はどこの桜ですか」なり「思い出になっている桜はありますか」なり、桜と個人のかかわりについて問うてみるといい。たいていの人には答えがあるはずだ。ところが、(1)これが「あなたの好きなバラはどこのバラですか」とか「記憶に残るチューリップってありますか」と問えば、変な顔をされるのがオチだ。バラであれチューリップであれ、知らない人はいないし、季節になると、それぞれの魅力で多くの人を引きつける。しかし、桜をおいてほかに「あの時、あの場所で見たあの…」と多くの人が特定して答えられる花はない。(2)このように桜は、身近な花であるにとどまらず、個人的な思い出を伴う、日本人が愛してやまない花なのである。

(1)　1　日本人に対してする質問
　　2　桜についてする質問
　　3　バラについてする質問
　　4　チューリップについてする質問

(2)　1　桜と個人のかかわりについて答えられるように
　　2　バラやチューリップのことを聞いても変な顔をするように
　　3　季節になるとそれぞれの魅力で多くの人を引きつけるように
　　4　日本人が桜を愛してやまないように

＊引きつける：注意を引く、引き寄せる。

⑬　踏切の歴史は、鉄道と同様、140年以上になる。全国に3万からある踏切の中に、「開かずの踏切」と呼ばれる踏切が2007年の調査で600か所あった。「開かずの踏切」とは、閉まったが最後、1時間に40分以上閉まっている踏切で、線路数が多いとか大きな駅に近いとかの理由で、1時間に数分しか開かなかったり、1日に15時間も閉まっていたりするような踏切のことである。そのほとんどが東京、大阪などの大都市に集中している。(1)これらは交通渋滞の原因になるだけでなく、待ちきれずに遮断機をくぐったり、高齢者などが時間内に渡れなかったりして、事故にもつながっている。これらの問題を解消すべく、国や自治体、鉄道事業者が互いに協力し、立体交差化を進めるなどの対策を講じているが、(2)これにはまだまだ時間がかかりそうだ。

(1)　1　140年以上の歴史のある踏切
　　 2　全国に3万か所以上ある踏切
　　 3　1時間に40分以上閉まっている踏切
　　 4　交通渋滞や事故の原因になっている踏切

(2)　1　遮断機をくぐったり、短時間で渡れないこと
　　 2　国や自治体、鉄道事業者が協力すること
　　 3　立体交差を進めること
　　 4　開かずの踏切をなくすこと

＊遮断(する)：流れをそこで止める、切る。
＊立体：three-dimensional, solid ／立体／ ba chiều
＊交差(する)：crossing ／交叉／ giao nhau, cắt nhau

ドリルAの答え

① 正解：4
「トオルがお茶を入れてくれると」「広がる」のはお茶の香り。

② 正解：3
「この町の商店街」とある。商店街のあるこの町に住めるという意味。

③ 正解：4
「いまさら」は「もう事態がここまで進んだ状態で」の意味。

④ 正解：3
この場合の「そう」は直前に相手が言った内容。

⑤ 正解：2
「化学物質は大気汚染の元凶」。近隣へも影響を及ぼすのは？

⑥ 正解：1
「その町工場」に長年勤めた父が「そこを去る」のだ。

⑦ 正解：2
「桜並木」の季節とは？ その季節には多くの人が集まるのだ。

⑧ 正解：3
「犯罪者として…」「教え子たちに」向ける顔。

⑨ 正解：1
「事故にあってからというもの」は事故にあって変わったという意味。

⑩ 正解：2
「会社にどれだけ役に立つ働きをするかなど」「役割に応じて賃金を支払う」に注目。

⑪ 正解：2
「すごいスピードで地球を周回し続けている」「破片」のこと。

⑫ (1) 正解：2
「これが」「～と問えば、変な顔をされる」変な顔をされないのは？

(2) 正解：1
「このように」「個人的な思い出を伴う」

⑬ (1) 正解：3
「～踏切で」「～たり～たりするような踏切である」～の部分が説明。

(2) 正解：4
直前の「対策を講じている」を指す。何のための対策か。

2 ドリル B

⇒答えは p.167

次の____の中に入る最もよいものを、1・2・3・4から一つ選んでください。

① うちの娘は4月から小学1年生になる。____、全然楽しそうではない。幼稚園で仲の良かった子たちと離れ離れになるからだ。

  1　すると　 2　そこで　 3　しかし　 4　おまけに

② 全く焦げつかないと評判のフライパンを買った。____、最初の手入れが悪かったせいか、前のフライパンにもまして焦げつくことが多く、がっかりだ。

  1　ところが　 2　ところで　 3　ところに　 4　ところを

③ お世話になった先生のお宅に、合格の報告かたがたお礼に伺った。先生はもちろん、大喜びしてくださった。____、お寿司をとってごちそうまでしてくださった。

  1　それでは　 2　それなら　 3　それどころか　 4　それでも

④ 彼は結婚した後、会社から遠いマンションに引っ越した。__(1)__、結婚した相手の勤め先が反対方向だったのだ。__(2)__、二人の勤め先のちょうど中間点のあたりに部屋を探したということだ。__(3)__、彼はそれまでより通勤時間が30分近く長くなったそうだ。

(1)　1　とすると　 2　ともあれ　 3　たとえば　 4　というのは
(2)　1　そこで　 2　それを　 3　それとも　 4　それどころか
(3)　1　そのため　 2　そのうえ　 3　そのくせ　 4　それなのに

⑤ 紀元前の中国の学者が「雪は六角形だ」と本に記して以来、雪の結晶はその形の美しさと、肉眼でも見られるという親しみやすさから多くの人に愛され、__(1)__、研究されてきた。その形は湿度と温度によってさまざまに変わる。__(2)__、六角形であるということは、それから二千年以上たった今も変わらない。

(1)　1　では　 2　また　 3　さて　 4　なお
(2)　1　一方　 2　かつ　 3　ただ　 4　でも

*紀元前：BCE, BC ／公元前／ trước công nguyên
*肉眼：めがねなどを使わずに直接目で見ること。

⑥　政府は外国人の雇用を増やしていく方針のようだ。確実に人口減少社会となった日本にとっては、労働力としての外国人に寄せる期待は大きい。　(1)　、忘れてはいけないのは、外国人労働者といっても、日本に来れば日本社会の一員だということだ。　(2)　、彼らには生活の環境がしっかりと提供されなければならない。場合によっては家族もできよう。また、子どもがいれば教育の問題も出てくる。病気になれば医療も必要だ。社会に受け入れるということは、そういう問題すべてに思いを寄せ、ケアをするということだ。

　　(1)　1　しかし　　　2　そこで　　　3　だから　　　4　そればかりか
　　(2)　1　ところが　　2　ただし　　　3　もっとも　　4　すなわち

＊雇用：employment ／雇用／ thuê mướn, tuyển dụng

⑦　子供たちが飼っていた鳥が感染症にかかったので、処分しなければならない。　　　　、今まで一生懸命育ててきた子供たちの心情を思うと、簡単に殺すとは言えなかった。

　　　　1　さりながら　　2　むしろ　　　3　さもないと　　4　さて

＊感染：infection ／感染／ truyền nhiễm

⑧　幼なじみの彼女は何でも相談できる良き親友だ。　　　　、私を映画という、生涯をかけることのできる世界に導いてくれた恩人でもある。

　　　　1　とりわけ　　2　のみならず　　3　それだけに　　4　そのくせ

⑨　彼は新幹線の運転士としてキャリアを積み、数々の思い出を新幹線とともにつくってきた。　　　　、新しく延長された新幹線の一番列車を運転したことが誇りだという。

　　　　1　くわえて　　2　なかでも　　　3　ないしは　　　4　しかるに

⑩　試験は思ったとおり難しいものだった。難問に頭をひねり、時計を見ながら焦ることにもなった。もっと勉強しておけば…とは思ったが、後悔先に立たずだ。　　　　、試験は終わった。あとは結果を待つのみ。やることはやったんだと自分に言い聞かせた。

　　　　1　さもないと　　2　さらに　　　3　そのかわり　　4　ともあれ

＊頭をひねる：（難しい問題について）いろいろ考える、工夫する。
＊後悔先に立たず：してしまったことは後で後悔してもどうにもならない。

③ 文と文をつなぐ練習

⑪　昔から「コーヒーは○○の予防にいいから、コーヒーを飲む人は○○になりにくい」といった説がよく言われる。　(1)　、「コーヒーの飲みすぎは○○に悪いから、よく飲む人は注意が必要」などと、正反対のニュースがときに世界を駆け巡る。　(2)　、コーヒーは世界中で飲まれているといってもいいほど、みんなに愛されている飲み物だからであろう。

(1)　1　たとえば　　2　かと思えば　　3　さもないと　　4　それでいて
(2)　1　それだけに　2　そのかわり　　3　とりわけ　　　4　それというのも

⑫　市長によって出された市電の延長計画は、現在西側の終点となっているさくら橋駅から市場方面へ延ばす案と、東側の終点の中央公園駅から近くのみどり高校、　(1)　さらに東の温泉町方面まで延ばすという案の2つだ。　(2)　、これらの実現には、まず駅周辺の再開発が必要だ。

(1)　1　くわえて　　2　むしろ　　　　3　つぎに　　　　4　ないしは
(2)　1　そのくせ　　2　いわば　　　　3　反面　　　　　4　といっても

⑬　電車の中で若者が高齢者に席を譲らないとは、よく言われていることである。　(1)　、勇気を出して席を譲ってみたものの、譲られた方がすんなり座ってくれなかったという経験をした人も多いのではないだろうか。「年寄り扱いするな」と言わんばかりに不快感を表す人がいるのも確かだ。誰も座らない席を前に、譲られた方と譲った方が気まずく立っているという光景も見かける。　(2)　、日本では高齢者でも若く見られたいという思いが強すぎるのかもしれない。「どうぞ」「ありがとう」といったやりとりがもっと広がれば、席を譲る若者も増えていく気がする。

(1)　1　それでは　　2　ともあれ　　　3　わけても　　　4　とはいえ
(2)　1　どうも　　　2　とりわけ　　　3　たとえば　　　4　そのかわり

⑭　節約して暮らそうと安い物ばかり買っていると、長い目で見ると、　(1)　節約になっていなかったという場合が多くあります。安い値段にひかれて買ってしまったけれどすぐ壊れてしまったとか、故障ばかりという経験はありませんか。　(2)　、高い買い物でも、長く使うことができれば結果としてお金を節約したことになります。

(1)　1　および　　　2　そして　　　　3　むしろ　　　　4　よって
(2)　1　そこで　　　2　ゆえに　　　　3　反対に　　　　4　もしくは

⑮　幼いころからバレエ一筋に打ち込んできた娘が、初めて大きなコンクールに参加した。これまでの苦労は並大抵のものではなかったので、ここにいたるまでのことを思うと感慨深いものがあった。[(1)]、娘は期待されていた入賞どころか、予選で早々と不合格になってしまった。母親として娘にかける言葉が見つからなかった。娘がどれだけのものを犠牲にしてバレエに打ち込んできたかを知っていたからだ。[(2)]、賞を取れなかったことを娘以上に悔しいと思った。[(3)]、今まで娘のためにと注ぎ込んできた相当な時間とお金がすべて無駄になったとさえ感じた。[(4)]、結果は受け入れるしかない。また、これがゴールではないのだ。[(5)]今こそが、娘にとっての新しいスタートなのだ。

(1)　1　ところが　　2　つぎに　　3　反面　　4　かと思えば
(2)　1　それでいて　2　そのくせ　3　それだけに　4　そうはいっても
(3)　1　だが　　　　2　ついで　　3　とりわけ　　4　さらには
(4)　1　さて　　　　2　ちなみに　3　ともあれ　　4　なお
(5)　1　さらに　　　2　まさに　　3　しかるに　　4　さりとて

＊〜一筋：〜だけに気持ちや努力を集中すること。
＊並大抵：普通に考えられる程度。
＊感慨：昔を懐かしんだり、今までを振り返ってよく頑張ったと思ったりすること。

⑯　人の命を救うレスキュー隊は有名だが、「文化財レスキュー」という活動もある。災害時に地域の歴史的な遺産を救う取り組みだ。災害では[(1)]人命のみを考えるべきで、文化財などはずっと後回しでもいいのではないかという意見もあるだろう。[(2)]、それぞれの土地には長く伝わってきた伝統や歴史の蓄積がある。[(3)]、それらは一度失われてしまうと取り戻すことは不可能だ。町というハードは時間とお金をかければ形としては復興できる。[(4)]、被災した人々の心の支えになるのは、その土地で培ってきた時間の記憶なのである。古文書や歴史的に価値のある資料だけでなく、地域の祭りで使われていた道具などもそうだ。[(5)]、いざというときにどのように文化財を守るかという体制づくりも、全国規模で始まっているという。

(1)　1　まず　　　　2　それだけに　3　のみならず　4　そうでなければ
(2)　1　しかし　　　2　そのくせ　　3　それでいて　4　なぜならば
(3)　1　いわば　　　2　さらに　　　3　ついで　　　4　しかしながら
(4)　1　一方　　　　2　ただし　　　3　くわえて　　4　さもないと
(5)　1　そのくせ　　2　ちなみに　　3　ともあれ　　4　とりわけ

＊文化財：文化によって生み出されたもの。
＊後回し：今やらないで後にすること。
＊蓄積：accumulation／积蓄／tích luỹ
＊培う：大切に養い、育てる。
＊古文書：古い時代に書かれたもの。

ドリル B の答え

① 正解：3
「小学1年生になる」ということは、ふつうは楽しいワクワクすること。

② 正解：1
「全く焦げつかない」→「焦げつくことが多く」

③ 正解：3
「大喜び」+「ごちそうまで」

④ (1) 正解：4
彼「会社から遠いマンションに」、結婚相手「勤め先が反対方向」に注目。
(2) 正解：1
(1)の事情からとった対応策が「中間点」。
(3) 正解：1
(2)の対策の結果、通勤時間が長くなった。

⑤ (1) 正解：2
「多くの人に愛され」「(専門家に)研究され」に注目。
(2) 正解：3
「変わる」「変わらない」をつなぐ。文体も考える。

⑥ (1) 正解：1
「期待は大きい」=積極的な態度
「忘れてはならない」=注意すべきこと
(2) 正解：4
「社会の一員」ということは「生活の環境」を提供しなければならない。

⑦ 正解：1
「処分する」は、ここでは殺すことを意味する。

⑧ 正解：2
「親友」「恩人でもある」をつなぐ。

⑨ 正解：2
「数々の思い出」と「一番列車を運転したこと」との関係は？

⑩ 正解：4
試験中はいろいろな考えが頭の中を巡った。そして、いますべてが「終わった」。

⑪ (1) 正解：2
「コーヒーは」「いい」という意見と「悪い」という意見が出る。
(2) 正解：4
正反対の意見が多く出るほど、コーヒーは「世界中で」「愛されている」。

⑫ (1) 正解：1
現在の東側の終点からさらに東まで延ばす案。
(2) 正解：4
これらの計画に先立って必要なことがある。

⑬ (1) 正解：4
「若者が…席を譲らない」と「(譲っても)座ってくれない」をつなぐ。
(2) 正解：1
「かもしれない」は筆者の意見。「かもしれない」につながる言葉は？

⑭ (1) 正解：3
「節約して暮らそう」が「節約になっていなかった」。

(2) 正解：3
「安い値段」「壊れて」「故障ばかり」と「高い買い物」「結果として…節約」の対比がポイント。

⑮(1) 正解：1
「コンクールに参加」「これまでの苦労」～「早々と不合格」という流れを押さえる。
(2) 正解：3
娘はいろいろなものを犠牲にしてきたので、余計に「悔しい」。
(3) 正解：4
「悔しいと思った」だけではなく、「無駄になったとさえ感じだ」。
(4) 正解：3
いろいろな思いがよぎるが、結果は結果だ。
(5) 正解：2
「今こそが」「新しいスタート」に注目。

⑯(1) 正解：1
「人命」と「文化財…後回しでもいい」の関係は？
(2) 正解：1
「後回しでもいい」という意見に対する反論。
(3) 正解：4
「歴史や伝統の蓄積」は「失われてしまうと取り戻すことは不可能」と主張を読み取る。
(4) 正解：1
「町」の「復興」と「被災した人々の心の支え」を結びつける。
(5) 正解：2
文化財レスキューの意義と現状の関係を押さえる。

PART 2 対策編

第2章 実践練習

UNIT 1 「問題5」に挑戦！―文に合う言葉を選ぶ

1. 文型を選ぶパターン
2. 助詞を選ぶパターン
3. 動詞の形を選ぶパターン
4. 会話に合う表現を選ぶパターン
5. 正しい敬語表現を選ぶパターン
6. 文の流れの中で考えるパターン

UNIT 2 「問題6」に挑戦！―正しい文を組み立てる

1. 前後の関係から推測するパターン
2. 文型を復元するパターン
3. 疑問詞と組になるパターン
4. 数字と組になるパターン
5. 否定の表現と組になるパターン
6. 助詞で始まる文型のパターン

UNIT 3 「問題7」に挑戦！―文章の展開をつかむ

1. 文の流れを読むパターン
2. 誰が何をするのか考えるパターン
3. 文の正しい形を選ぶパターン
4. 選択肢の組み合わせを選ぶパターン
5. 人と人との関係性を見るパターン
6. 決まった語句との結びつきを選ぶパターン
7. 助詞と助詞の組み合わせに注目するパターン

第2章 実践練習

UNIT 1 「問題5」に挑戦！――文に合う言葉を選ぶ

❓ どんな問題？

「問題5」は、文中の（　　　）の中に入る正しい答えを選ばせる選択問題です。

例

明日は雨が降っても、スポーツ大会を（　　　）そうです。
　　1　した　　　　2　している　　　　3　する　　　　4　して

（解答のしかた）

1．正しい文はこうです。

2．
> 明日は雨が降っても、スポーツ大会を（　する　）そうです。

3．___★___ に入る番号を解答用紙にマークします。

（解答用紙）　（例）①　②　●　④

🗝 解き方のポイント

① どのパターンの問題かをチェックする

⇒ 文型・助詞・動詞の形…などのパターンの中から、どのパターンの問題かを考える。文型は助詞とセットで覚えておくと役に立つことが多い。動詞の形は現在・過去などの時制にも注意が必要。

②（　　　）の前後に注意する

⇒（　　　）の前後にヒントが隠されていることが多いので注意。助詞とセットで文型を覚えておくと役に立つ。

③ 似ている形、似ている意味に注意する

⇒ 特に文型のパターンの場合は、形は似ているが意味は違うものと、形は違うが意味が似ているものがあるので注意が必要。

④ セットになる言葉を見つける

⇒ 文型の中には2つで1セットになるものもある。同じ言葉を繰り返すもの、数字とセットになるもの、必ず後半が否定になるものなどがあるので、よく整理しておきたい。

1 文型のパターン

POINT

あの事件の話は聞く（　　　）恐ろしくなる。

1　だけ　　　　2　とも　　　　3　から　　　　4　だに

（　　　）の前後の文の意味を理解します。この場合、「あの事件の話を聞く」「恐ろしくなる」ですから、「聞くと」「聞くだけで」という意味でつながります。1「だけ」は「聞くだけ恐ろしくなる」という形ではつながりません。「だけで」なら正しいのですが、これは間違いです。2と3は全く違う答えです。4「だに」は「だけで」という意味の文型です。

（正解：4）

EXERCISE

次の（　　）に入る最もよいものを一つ選びましょう。

⇒答えは p.195

1 海外で暮らす子供のことが心配で、1秒（　　　）考えないことはない。
　　1　からして　　2　たりとも　　3　かぎり　　4　とはいえ

2 彼はほめると調子に乗ってミスをする（　　　）から、注意したほうがいいよ。
　　1　ところで　　2　きらいがある　　3　ことだ　　4　にして

3 受験票は理由の（　　　）再発行はいたしませんので、大切に保管ください。
　　1　いかんにかかわらず　　　　2　次第で
　　3　かぎりで　　　　　　　　　4　至りで

4 真夏（　　　）、12月にTシャツ一枚で出歩くからみんなが見るのだ。
　　1　とあって　　　　　　　　　2　ではあるまいし
　　3　ゆえ　　　　　　　　　　　4　のことだから

5 人を泥棒扱いするなんて、まったく失礼（　　　）。
　　1　かぎりだ　　2　にたえない　　3　きわまる　　4　というところだ

6 連休のさなかに予約（　　　）旅行するなんて、どう考えても無理だ。
　　1　なしに　　2　なくて　　3　ないまでも　　4　ないで

7 あんな上司にゴマをすってまで認めてもらおうなんて気持ちは（　　　）。
　　1　ないでもない　　2　さらさらない　　3　ないことはない　　4　ないわけがない

8 父は野球が大好きで、野球（　　　）阪神タイガースの話ばかりだった。
　　1　とくれば　　2　としたら　　3　とはいえ　　4　ともなく

9 今年の陸上大会は記録（　　　）大会だった。
　　1　だけの　　2　めいた　　3　ずくめの　　4　ぶりの

10 今回のことは熱心さ（　　　）過ちと大目に見ることにしよう。
　　1　ゆえの　　2　ならではの　　3　だけの　　4　あっての

２ 助詞のパターン

♪ POINT

退院できるかどうか（　　　）今日の検査結果いかんだ。
　　1　で　　2　は　　3　が　　4　を

　助詞のパターンでは、文型の中に含まれている助詞に注意をします。この場合、後の文に「いかんだ」があることに注目します。「いかんだ」の意味は「～次第だ」なので、文の意味は「今日の検査結果次第だ」ですが、「いかんだ」といつも一緒に使う助詞は「は」です。文型にばかり着目せず、助詞にも注意を払うことが大切です。

（正解：4）

EXERCISE

次の（　）に入る最もよいものを一つ選びましょう。

⇒答えは p.195

1 男は私のかばんをつかむ（　　　）早いか駆け出した。
　　1　と　　2　に　　3　が　　4　から

2 彼はヘビースモーカーで、食事中（　　　）あれ、仕事中（　　　）あれ、タバコを吸っていたのに、最近ぴたりと禁煙した。
　　1　で・で　　2　と・と　　3　が・が　　4　も・も

3 この仕事を任せられるのは、彼（　　　）おいてほかにいない。
　　1　を　　2　は　　3　に　　4　が

④「問題5」に挑戦！

④ 彼はこの部屋に入るな（　　　）ばかりに、手を広げて立ちはだかった。
　　　1　と　　　　　2　で　　　　　3　が　　　　　4　に

＊立ちはだかる：手足を広げて、相手が行くのをじゃまする。

⑤ 歩き始めたばかりの孫を見ていると、転び（　　　）しないかとはらはらする。
　　　1　も　　　　　2　が　　　　　3　と　　　　　4　は

⑥ 熱狂的なファンはコンサートが始まると、声（　　　）かぎりに叫んでいた。
　　　1　と　　　　　2　も　　　　　3　を　　　　　4　しか

⑦ そのニュースを聞いて、彼女は飛び上がらんばかり（　　　）驚いた。
　　　1　の　　　　　2　で　　　　　3　を　　　　　4　に

⑧ 挨拶もできないなんて、日本語能力以前（　　　）問題だ。
　　　1　で　　　　　2　の　　　　　3　が　　　　　4　は

⑨ この気持ち（　　　）憎しみでなくてなんだろう。
　　　1　に　　　　　2　が　　　　　3　の　　　　　4　を

⑩ 友達からもらった物は、捨てる（　　　）捨てられず困っている。
　　　1　が　　　　　2　と　　　　　3　の　　　　　4　に

③ 動詞の形のパターン

♪ POINT

息子はわがままで、お菓子を買わないと言うと、大声で（　　　）始末だ。
　　1　泣き出して　　2　泣き出した　　3　泣き出す　　4　泣き出さないだに

（　　　）の前後の文型を確認します。この場合、「始末だ」という文型です。この文型の前の動詞の形は「辞書形」ですから、「泣き出す」になります。

（正解：3）

EXERCISE

次の（　　　）に入る最もよいものを一つ選びましょう。

⇒答えは p.195

① 彼女は私が言った一言で気分を害してしまい、電話に（　　　）ともしない。
　　　1　出ない　　　　2　出よう　　　　3　出る　　　　4　出た

[2] 不況でわが社も人員削減を余儀なく（　　　）。
　　1　された　　　2　させた　　　3　した　　　4　する

[3] 君が責任者なのだから、（　　　）ではすみませんよ。
　　1　わかった　　2　わかって　　3　わかる　　4　わからない

[4] あなたの将来を心配（　　　）こそ、口うるさく言っているのです。
　　1　すれば　　　2　されれば　　3　させられれば　4　させれば

[5] 今さら彼に（　　　）ところで、とうてい許してはくれないだろう。
　　1　謝る　　　　2　謝って　　　3　謝った　　4　謝らない

[6] 私がどんなに（　　　）、彼は引き受けてくれなかった。
　　1　頼んだが　　2　頼もうが　　3　頼むと　　4　頼めば

[7] 息子はいつも部屋の電気を（　　　）ぱなしで出かける。
　　1　つけっ　　　2　つけて　　　3　つけない　　4　つけた

[8] 車がほしかったが、（　　　）つもりでそのお金を貯金した。
　　1　買わない　　2　買った　　　3　買う　　　　4　買って

[9] このぐらいのレポートなら、3日で書いて（　　　）ことはない。
　　1　書かない　　2　書けない　　3　書く　　　　4　書こう

[10] 5キロぐらいなら、（　　　）と思えば、歩けるだろう。
　　1　歩こう　　　2　歩く　　　　3　歩いた　　　4　歩いて

4 会話に合う表現を選ぶパターン

POINT

A「森さんは勉強がすごくできるから、どこでも行きたい大学に行けるね」
B「まさか！　全然（　　　）よ。不安でいっぱいだよ」

　　1　それじゃない　　　　　　2　それどころじゃない
　　3　そんなことない　　　　　4　そんなはずない

①「問題5」に挑戦！

会話文の形式では、まず会話の内容を理解することが大切です。難しい文型の知識より、会話の場面・内容に合った表現を正しく選ぶことが問われます。誰が誰に対して、どんなやりとりの中で使うのか、しっかり押さえましょう。また、会話独特の表現は、その特徴を覚えておきましょう。

（正解：3）

《会話文の問題で注意したい点》
- 問題になっている部分は誰の動作か、誰についてのことか。
- 相手との関係は？　敬語や丁寧な表現が必要な場面か。

EXERCISE

次の（　）に入る最もよいものを一つ選びましょう。

⇒答えは p.195

1 A「今からこれだけの資料、コピーできますか。50 部ですけど」
　　B「ほかの仕事もあるから大変だけど、みんなで協力してやれば、（　　　）」

　　1　やったらやれるかもしれない　　2　やってやれないこともないだろう
　　3　やってもやれるにちがいない　　4　やったとしたらできるはずだ

2 A「今日の料理、どう？　初めて作ったんだけど」
　　B「おいしいよ。まあ、（　　　）、何がいいとかは説明できないんだけど」
　　A「あ、そう。ま、おいしければいいんだけどね」

　　1　専門家でさえ　　　　　　　　2　専門家の割に
　　3　専門家とはいえ　　　　　　　4　専門家じゃあるまいし

3 A「さっきから落ちつかないね。どうしたの？」
　　B「娘が友達のうちに遊びに行ったんだけど、まだ帰って来なくて…」
　　A「そうなんだ。電話とかメールとかは？」
　　B「こっちからは連絡してるんだけど、返事がなくて…。（　　　）いいんだけど」

　　1　何が何でも　　2　何もなくて　　3　何かあったら　　4　何もなければ

4 A「ねえねえ、今度の選挙、彼、当選するかなあ、タレントの…」
　　B「ああ、田中一郎でしょ。知名度、抜群だからね。間違いないでしょ」
　　A「でも、当選したら、収入は逆にすごく減るんだろうね」
　　B「10 分の 1 くらいかもね。そこまでして（　　　）ね」
　　A「うん。ちょっと意外だね」

　　1　議員になったら　　　　　　　2　議員になれれば
　　3　議員になるように　　　　　　4　議員になろうとは

5 正しい敬語表現を選ぶパターン

♪ POINT

A「先生は昨日の夜、何を（　　　　）んですか」
B「うどんです。ホテルのそばにいい店があったんです」

1　おっしゃった　　　　　　　　2　おかけになった
3　ご覧になった　　　　　　　　4　召し上がった

　敬語は会話で使われるだけでなく、丁寧な手紙でも使われます。誰の行為について言っているのかをしっかりとらえることが大切です。また、受け身や使役、可能の形と一緒に使うことも多いので、慣用的な表現や状況に合った表現に慣れておくことが必要です。

（正解：4）

《主な表現パターンの例》

❶ 尊敬語	相手や話題の人などを高める	いらっしゃる　おっしゃる　召し上がる　お持ちになる　待たれる
❷ 謙譲語Ⅰ	自分や話題の人などを低めて相手を高めて敬意を表す	伺う　差し上げる　申し上げる　お持ちする
❸ 謙譲語Ⅱ	自分や話題の人を低めて聞き手に敬意を表す	申す　参る　いただく　おる　存じる　お配りする
❹ 丁寧語	話し手の丁寧な気持ちを表す	です　ます　ございます
❺ 美化語	言葉の上品さや美しさを表す	お料理　ご近所

＊おっしゃる：言う。　　＊おかけになる：いすに座る。　　＊ご覧になる：見る。
＊召し上がる：食べる、飲む。　　＊伺う：訪ねる、聞く。　　＊差し上げる：あげる。
＊申し上げる：言う。　　＊申す：言う。　　＊参る：行く。
＊いただく：もらう、食べる、飲む。　　＊おる：いる。　　＊存じる：知っている。

EXERCISE

次の（　）に入る最もよいものを一つ選びましょう。

⇒答えは p.195

1　〈会社の受付で〉
A「いらっしゃいませ」

①「問題5」に挑戦！

B「C社の田中ですが、山田課長に会いたいんだけど」
A「山田ですね。恐れ入りますがお約束は（　　　）。」
　　1　されましたでしょうか　　　　2　いただいておりますでしょうか
　　3　いかがいたしましょうか　　　4　ちょうだいしましたでしょうか

2　〈お店で〉
A「このズボン、来週までにサイズ直しをしてほしいんですが」
B「（　　　）。来週、月曜日のお受取りでよろしいでしょうか」
　　1　ご承知です　　　　　　　　　2　ご理解しました
　　3　承知しました　　　　　　　　4　理解いたしました

3　〈会議中〉
A「このデータは今回の計画にいろいろ役立つと思うよ」
B「（　　　）です。先生にご相談してよかったです」
　　1　結構　　　　　　　　　　　　2　了解
　　3　申したとおり　　　　　　　　4　おっしゃるとおり

4　〈電話で〉
A「営業の田中さん、お願いします」
B「申し訳ございません。本日、田中は（　　　）」
　　1　お休みしております　　　　　2　お休みをいただいております
　　3　欠席させております　　　　　4　欠勤させていただいております

5　〈目上の人に対し、メールで〉
新しいご計画についてうかがいました。（　　　）。
　　1　ご成功をお祈りいたします　　2　どうぞ頑張ってください
　　3　きっと成功するでしょう　　　4　どうぞお成功してください

6　〈学校で〉
A「先生、明日の新年会の会場、おわかりですか」
B「いや、よくはわからないけど、まあ、地図を見てなんとか行きますよ」
A「あのう、よければ駅で森さんか私が（　　　）ので、6時ごろにお越しいただけませんか」
　　1　お待たせします　　　　　　　2　お待ちになっています
　　3　お待ちします　　　　　　　　4　待たせております

7 〈お店で〉
A「この冷蔵庫、今日買ったらいつ家に届きますか」
B「今お買い上げいただいたら、本日中に(　　　)が…」

1　お届けできます
2　お届けになれます
3　お届けられます
4　お届けるつもりです

8 〈会社を訪問した後〉
本日はお忙しい中、(　　　)ありがとうございました。

1　お会いすることができて
2　お時間を割いていただき
3　機会を差し上げられて
4　貴重な機会を得ることができて

6 文の流れの中で考えるパターン

POINT

彼らは確かに人気バンドだが、それは日本でのことだ。だから、彼らが故郷の島を歌った歌が、日本語の歌詞であるのにもかかわらず、世界中で歌われるようになったのには(　　　)。

1　驚かせた　　2　驚かれた　　3　驚かされた　　4　驚くわけだ

文型などの文法項目は、一つの文の中だけで判断できるものとは限りません。ある程度の長さの文の流れの中でとらえることも必要です。さまざまな語彙・表現についても同じです。単に知識として覚えるだけでなく、どんな状況の中で、どんな文脈の中で使われるのか、しっかり理解しておく必要があります。

(正解：3)

EXERCISE

次の(　　　)に入る最もよいものを一つ選びましょう。

⇒答えは p.195

1　鉄道を乗り継いで旅に出ることにした。今では時刻表は持たなくてもスマホのアプリにある乗換案内が使えるので、言葉がわからなくても(　　　)だ。

1　心さびしい
2　物悲しい
3　心強い
4　心細い

① 「問題5」に挑戦！

2 彼が以前から起業する夢を持っていたことは知っている。しかし、大学を卒業したばかりの彼から（　　　）知らせを受けるとは思わなかった。

1　起業するための
2　起業しようとする
3　起業したがっている
4　起業しましたという

3 学生時代からずっと親に頼りっぱなしだったので、これではいけないと一人暮らしをはじめたが、結局困ったときは（　　　）というような始末だ。

1　親に連絡してしまう
2　親に連絡しようもない
3　親に連絡すらしない
4　親に連絡するまでもない

4 一時、オール電化の住宅が流行ったことがある。しかし、その後のさまざまな災害が、エネルギー源を一つに頼るのは危ういことを我々に教えてくれた。そして、アナログと言われているシステムが時代遅れと思いきや、（　　　）ことも学んだ。

1　役に立つ
2　役に立たない
3　役に立てられる
4　役に立った

5 付き合って7年になる彼女とは、最近、結婚のこともよく話すようになった。そんな中、先日、上司から海外勤務の打診を受けた。早速今週、彼女と会う機会があったが、結婚したらどこに住もうと楽しそうに話す顔を見ていたら、言えずじまいに（　　　）。

1　なってしまった
2　してしまった
3　言ってしまった
4　帰ってしまった

6 A「田中さんも明日のパーティーには来れるんですよね」
B「ああ…。明日から九州のほうに出張なんです」
A「そうですか。残念です」
B「ええ。（　　　）」

1　行くべきだったと思います
2　行ったほうがいいと思います
3　行けたらよかったんですが
4　行けなかったらごめんなさい

7 市の体育館やプールの利用料はかなり安いので、気軽にスポーツを始めるにはよさそうだ。しかし、スポーツが習慣化していない人は、何かと理由をつけてはさぼろうと（　　　）、安いと気楽に休もうとする。その点、高い会費を払っていると、お金がもったいないと思いあまり休まなくなるので、本来の目的を果たしやすいという意見もある。

1　したものだから
2　したことだから
3　するものだから
4　することだから

179

練習問題の答えとポイント

1 文型を選ぶパターン

1. **正解：2**
   「1秒」という数字に着目。「1～たりとも」の文型。

2. **正解：2**

3. **正解：1**

4. **正解：2**

5. **正解：3**
   文末に使う文型の問題。答えは「失礼すぎる」という意味になる。「にたえない」は「続けられないほどひどい」という意味。

6. **正解：1**

7. **正解：2**
   文の意味として、「認めてもらいたい気持ち」は「ない」ということ。1、3、4はすべて「ある」という意味になる。

8. **正解：1**

9. **正解：3**

10. **正解：1**

2 助詞を選ぶパターン

1. **正解：3**
   文型は「～が早いか」である。

2. **正解：1**

3. **正解：1**

4. **正解：1**

5. **正解：4**
   「辞書形＋は＋しないか」の文型である。中間に入る助詞に注意。

6. **正解：3**

7. **正解：4**

8. **正解：2**

9. **正解：2**

10. **正解：4**
    「捨てたくても捨てられない」という意味。

3 動詞の形を選ぶパターン

1. **正解：2**
   「意向形＋ともしない」の文型である。

2. **正解：1**

3. **正解：4**

4. **正解：1**

5. **正解：3**

6. **正解：2**
   「頼んでも」の意味になる文型を探す。「意向形＋が」である。

7. **正解：1**

8. **正解：2**
   「買ったつもりで」は「買ったと思って」の意味。「買うつもりで」は「買う目的で」の意味。

9. **正解：2**
   「書いて書けないことはない」は、3日で何とか書けるという意味。

10. **正解：1**
    「歩こうと思えば歩ける」は、努力すれば歩けるという意味。

4 会話に合う表現を選ぶパターン

1. **正解：2**
   「やってやれないことはない」は「やろうと思えばできる」の意味。

2. **正解：4**
   「専門家ではないのだから」の意味にして、「～説明できない」につなげる。

3. **正解：4**
   「無事であることを祈る気持ち」を表す表現を選ぶ。

① 「問題5」に挑戦！

4 正解：4
二人はタレント候補が選挙に出ることに感心している。「とは」は、感心する気持ちや驚きを表し、言い切りの形で使うことも多い。

5 正しい敬語表現を選ぶパターン

1 正解：2
「約束はしているか」を聞きたい。「約束はしたか」と直接聞くと、問い詰めているようになるので1は×。3は「どうしますか」と意向を聞いているので×。4は「約束をもらったか」という意味になるので×。「お約束をいただいております」は「約束をしている」の慣用的な敬語表現。Bさんが敬語を使う場合は「山田課長に○時にお約束をいただいております」などの表現になる。

2 正解：3
客に対して「わかりました」と言いたいときは「承知しました」を使う。

3 正解：4
目上のAさんの意見に敬意を示して同意する場合は「おっしゃるとおり」を使う。「そうですね」は少し軽い。「なるほど」は単独で使わず、「なるほど、おっしゃるとおりですね」のように使う。

4 正解：2
「田中は休んでいる」と伝えたい。「欠席」は学校、「欠勤」は職場で使うが、休暇とは意味合いが違う。「お休みをいただいております」は「休んでいます」と言うときの慣用的な言い方。

5 正解：1
「頑張ってください」と目上の人に言うのは失礼にあたる。自分の動作にして気持ちを表す。

6 正解：3
基本的な謙譲語の形。「森さんか私が先生を待つ」の意味。

7 正解：1
これも基本的な謙譲語。「届けることができる」の意味。

8 正解：2
「時間を割く」は「何かのためにわざわざ時間を作る」という意味。

6 文の流れの中で考えるパターン

1 正解：3
「乗換案内が使えるので」に続くのは「大丈夫」といったニュアンスの言葉。

2 正解：4
「彼の夢のことは知っていたが、その実行は予想以上に早かった」という趣旨。

3 正解：1
「頼りっぱなし」→「これではいけない」→「一人暮らしを始めた」→「結局」に続くのは「ダメだった」という内容。

4 正解：1
「教えてくれた」「学んだ」と同じ意味の言葉が続く。二つ目の学習が「時代遅れ」と思っていたが「意外にそうではなかった」に続く。

5 正解：1
「Aずじまい」で「Aをしようと思っていたが結局できなかった」という意味。「Aずじまいだった」「Aずじまいになった」という使い方をする。

6 正解：3
相手と同じく、「自分も残念な気持ちである」ことを伝える表現を選ぶ。

7 正解：3
「何かと理由をつけて」さぼりたい。だから、「安い」「と気楽に休んでしまう」。言い訳をするような表現として「ものだ」を使うことがある。

第2章 実践練習

UNIT 2 「問題6」に挑戦！―正しい文を組み立てる

❓ どんな問題？

「問題6」は、文の中に空欄を4つ設け、そのうちの ★ に入るものを選ばせる語順の問題です。文を組み立てる力を問う問題です。

例

A「____ ____ ★ ____ か。」
B「山田さんです。」

  1　です   2　は   3　あの人   4　だれ

（解答のしかた）

1. 正しい文はこうです。

2. 　「_____ _____ ★ _____ か。」
   3　あの人　2　は　4　だれ　1　です

3. ★ に入る番号を解答用紙にマークします。
     （解答用紙） （例）① ② ③ ●

💡 解き方のポイント

① 知っている文型がないか、チェックする

⇒ 選択肢の中に知っている文型がないか、探す。あれば、それを手がかりにしてつないでいく。文型は、助詞が切り離されている（別の選択肢になっている）場合も多い。

② ペアを見つける

⇒〈選択肢と選択肢〉〈文中の切れている部分と選択肢〉でつながるものがないか、探す。

③ 試しに入れてみる、つないでみる

⇒ 100パーセント自信がなくても、言葉を空欄に入れたりつないだりして、形にしてみる。そうしてトライするうちに、だんだん文の形や意味が見えてくる。

1 前後の関係から推測するパターン

♪ POINT

幼児体験はその後の ＿＿＿ ＿＿＿ ★ ＿＿＿ が多いと言われている。

　　1　影響を　　　　2　子供の　　　　3　及ぼすこと　　　　4　性格に

　空欄の前後の文に着目し、選択肢を消していく方法があります。この場合、空欄の後ろが「〜が多い」なので、ここには主語になる名詞（の形）が入ります⇒「及ぼすことが多い〜」と当ててみる。次に、3つの選択肢を見ると「子供の性格に影響を及ぼすこと」という流れになることがわかります。

〔★の欄＝1　影響を〕

＊空欄：blank ／空白／ ô trống
＊着目（する）：重要であることに気づき、注意を向けること。
＊当てる：対応させて置いたり付けたりする。

EXERCISE

1〜4を適当な順番で入れて文を完成させましょう。

⇒答えは p.191

1　息子は家の ＿＿＿ ＿＿＿ ★ ＿＿＿ の掃除もしない。

　　1　はおろか　　　2　部屋　　　3　自分の　　　4　手伝い

2　彼が、＿＿＿ ＿＿＿ ★ ＿＿＿ だけど、心が温かくなる。

　　1　下手な字　　　2　と思えば　　　3　書いた　　　4　一生懸命

3　家族のことを ＿＿＿ ＿＿＿ ★ ＿＿＿ にも耐えられるのだ。

　　1　こそ　　　2　思えば　　　3　仕事　　　4　辛い

4　画家である彼女は子育てを ＿＿＿ ＿＿＿ ★ ＿＿＿ 力を尽くした。

　　1　作品の　　　2　する　　　3　制作に　　　4　かたわら

② 文型を復元するパターン

POINT

この計画は本人に ＿＿＿ ＿＿＿ ★ ＿＿＿ 慎重にやろう。

　　1　だから　　　　2　知られて　　　　3　それまで　　　　4　しまえば

　この場合、選択肢の中から文型「〜ばそれまで」を見つけることができれば、4→3という流れがわかります。次に、「しまえば（〜てしまう）」の前は動詞（て形）ですから、「知られて＋しまえば」になり、「知られてしまえばそれまでだから」と続きます。

〔★の欄＝3 それまで〕

EXERCISE

1〜4を適当な順番で入れて文を完成させましょう。

⇒答えは p.191

1 A社は、原油の値上がりに株価の暴落が加わり、ついに ＿＿＿ ＿＿＿ ★ ＿＿＿ された。

　　1　余儀なく　　　2　撤退を　　　　3　された　　　　4　市場からの

2 弟はゲームを ＿＿＿ ＿＿＿ ★ ＿＿＿ 返事もしない。

　　1　声を　　　　　2　始めた　　　　3　かけても　　　　4　が最後

3 電車の中で ＿＿＿ ＿＿＿ ★ ＿＿＿ 聞いていた。

　　1　話を　　　　　2　聞くとも　　　3　なく　　　　　　4　隣の人の

4 田中さんは「行くな」 ＿＿＿ ＿＿＿ ★ ＿＿＿ 前に立っていた。

　　1　腕を組んで　　 2　と言わん　　　3　ドアの　　　　　4　ばかりに

＊株価：stock price ／股价／ giá cổ phiếu
＊暴落(する)：物の価格や価値が急に大きく下がること。

3 疑問詞と組になるパターン

POINT

彼はどんな ____ ____ ★ ____ としている。

　　1　使ってでも　　2　買収しよう　　3　手を　　4　A社を

　いつも決まった副詞や疑問詞と使われる文型がカギになるパターンです。組になる言葉の一方を見つけ、それをヒントに解いていきましょう。この場合、「どんな〜ても（でも）」が組みになる言葉です。「どんな」のすぐ後には「名詞」が続くので、3か4ですが、4は不自然なため、初めの二つが「手を使ってでも」となります。

〔★の欄＝4　A社を〕

＊買収(する)：買い取ること（特に、企業や土地など）。

EXERCISE

1〜4を適当な順番で入れて文を完成させましょう。

⇒答えは p.191

[1] 私にとって ____ ____ ★ ____ になるものだ。

　　1　スポーツは　　2　まして　　3　何にも　　4　ストレス解消

[2] どんな ____ ____ ★ ____ ので受け入れたいと思っている。

　　1　人手が　　2　人材であれ　　3　ほしい　　4　今は

[3] どこから ____ ____ ★ ____ 急に空いてきた。

　　1　いい匂いが　　2　おなかが　　3　ともなく　　4　してきて

[4] 誰が ____ ____ ★ ____ なかった。

　　1　彼の決心は　　2　言おうとも　　3　何と　　4　変わりそうに

＊解消(する)：今まで続いていたよくない状態がなくなること。
＊人手：仕事をすることができる人の数。
＊人材：human resources／人才／nhân lực

4 数字と組になるパターン

POINT

彼は150キロ ____ ____ ★ ____ 一気に持ち上げた。

　　1　とともに　　　2　からある　　　3　大きな声　　　4　バーベルを

　必ず数字と一緒に使われる文型があります。この場合は「〜からある」がそれです。大きいことを表す数字に付き、ここでは「150キロからある」となります。「〜からある」の後は名詞ですから、「バーベルを」が来ます。

〔★の欄＝3　大きな声〕

＊バーベル：barbell／杠铃／tạ

EXERCISE

1〜4を適当な順番で入れて文を完成させましょう。

⇒答えは p.191

1 締め切りまであと3日しかないので、今は ____ ____ ★ ____ んです。

　　1　できない　　　2　無駄には　　　3　たりとも　　　4　1分

2 この ____ ____ ★ ____ 作品を作っていました。

　　1　ほとんど　　　2　いうもの　　　3　1週間と　　　4　寝ないで

3 ドアを開けると、 ____ ____ ★ ____ 立っていた。

　　1　2メートルは　　2　という　　　3　あろうか　　　4　大男が

4 10時間 ____ ____ ★ ____ のは深夜0時近くだった。

　　1　及ぶ　　　　　2　終わった　　　3　手術が　　　　4　あまりに

5 否定の表現と組になるパターン

POINT

彼女には ____ ____ ★ ____ 、秘密にしていたのだろう。

　1　言うに　　　2　あって　　　3　事情が　　　4　言えない

　文型の中には、前の部分が肯定形、あとの部分が否定形という形のものがあります。この場合は「言うに言えない」がそれです。一方、選択肢の残り二つを組み合わせると「事情があって」となり、どんな事情かというと「言うに言えない事情」である。

〔★の欄＝3　事情が〕

EXERCISE

1～4を適当な順番で入れて文を完成させましょう。

⇒答えは p.192

1 仕事の ____ ____ ★ ____ 言った。

　1　ものでもないと　　2　引き受けない　　3　内容次第では　　4　彼は

2 彼の ____ ____ ★ ____ 過言ではない。

　1　なかったと　　2　この成功は　　3　努力なしには　　4　言っても

3 この ____ ____ ★ ____ すまなかった。

　1　ひと言　　2　気持ちを　　3　怒りの　　4　伝えずには

4 それは ____ ____ ★ ____ できない悲しい話だった。

　1　涙　　2　なしには　　3　が　　4　語ること

＊過言ではない：言い過ぎではない。間違いではない。

6 助詞で始まる文型のパターン

> ### ♪ POINT
>
> 田中課長は面倒見がよくて ___ ___ ★ ___ 人物だ。
>
> 　1　部下　　　2　思いの　　　3　尊敬するに　　　4　足る
>
> 　文型の中には、助詞で始まるものがたくさんあります。この場合は、「〜に足る」がそれです。ここでは「尊敬するに足る」という組み合わせになります。「面倒見がいい」とは「よく世話をしてくれる」という意味で、「部下思い」とは「部下のことをいつも心配し、気を使ってくれる」という意味です。この二つは同じような意味なので、並べると「面倒見がよくて部下思いの」となります。
>
> 〔★の欄＝3　尊敬するに〕

EXERCISE

1〜4を適当な順番で入れて文を完成させましょう。

⇒答えは p.192

1 活発な姉 ____ ____ ★ ____ のが好きという文学少女だ。

1 妹は　　　　　　　　　　2 家の中で
3 にひきかえ　　　　　　　4 本を読んでいる

2 母から ____ ____ ★ ____ 、本当に残念に思う。

1 若くして　　　2 父の話を　　　3 亡くなった　　　4 聞くにつけ

3 こんな寒い日に ____ ____ ★ ____ じゃないか。

1 外で　　　　　　　　　　2 決まっている
3 寝たりしたら　　　　　　4 死ぬに

4 鉄道に関する ____ ____ ★ ____ 自信がある。

1 かけては　　　2 知識に　　　3 負けない　　　4 誰にも

5 余計なことは考えないで、____ ____ ★ ____ ことが大切です。

1 見て　　　　　2 ままに　　　3 表現する　　　4 感じた

6 終了のベルが ____ ____ ★ ____ 教室から飛び出した。

1 学生たちは　　2 否や　　　　3 席を立って　　4 鳴るや

7 カンニングしたことが ____ ____ ★ ____ 厳しく罰せられる。

1 最後　　　　　2 知れたが　　3 彼らは　　　　4 先生に

8 間に合った ____ ____ ★ ____ ドアが閉まってしまった。

1 目の前で　　　2 思いきや　　3 と　　　　　　4 電車の

189

▶ 整理

"動詞＋助詞"の文型に注目！

文型の中には、ある決まった助詞といつも一緒に使われるものが数多くあります。セットで覚えておくと、問題を解くヒントになります。

から	からある／から言うと／からって／からいる／から言わせれば／からこそ／からして／からすると／からと言って／からとて／からには／からの／からにほかならない／から見ると／から見て／からに決まっている
に	に限り／にする／になる／にあたって／にあたらない／にあたり／にあって／にいたって／にいたる／に言わせれば／において（は／も）／に応じて／にかかったら／にかかわる／に限って／に限ったことではない／にかけては／にかたくない／に代わって／に代わり／に関して／に比べて／に加え／に越したことはない／にこそ／にこたえて／に際し／にさえ／に先立って／にしたがって／にしたって／にしても／にしたところで／にしてみれば／にしても／にしろ／にすぎない／にすら／にせよ／に相違ない／に即した／に沿った／に対して／にたえない／に足る／に違いない／についての／につき／につけ／にとって（は）／にとどまらず／に伴い／に臨み／に反して／にひきかえ／に向かって／に面して／にもかかわらず／にも及ばない／に基づいて／にもまして／によって／によると／にわたって
の	のあまり／の至り／の限り／の極み／の結果／の末／の名の下で／のまま／の元で
は	はさておき／はともかく／は別にして／はもちろん／はもとより
も	も〜ない／も〜なら〜も／も否めない／も及ばない／もかまわず／もさることながら／もそこそこに／もつかない／もなしに／もほどほどに
や	や否や／やら〜やら
を	をおいて〜ない／をおいてほかにない／を限りに／をかねて／を皮切りに／をきっかけに／を禁じえない／を契機に／をこめて／を最後に／を最初に／を尻目に／を中心に／を通じて／を問わず／をはじめ／をめぐって／をもって／をもってしても／を元に／を元にして／をものともせず／を余儀なくされる／をよそに
が	がきっかけで／がごとき／がために／が早いか／がまま／がゆえ（に／の）／があいまって
と	とあって（は）／とあいまって／といっても／と考えると／と聞いては／と聞くと／として（は／も）／と来ると／と思いきや／といい〜といい／と言いながら／という始末だ／というところだ／といったらない／と言わず／と思いきや／と知っては／とすれば／とともに／となると／とばかりに／と見ると／ともなると／とは言いながら

練習問題の答えとポイント

1 前後の関係から推測するパターン

1 息子は家の手伝い**はおろか**自分の部屋の掃除もしない。（＝手伝いはもちろん）
類 〜ばかりでなく〜も、〜ばかりか〜も、〜どころか〜も

2 彼が一生懸命書いた**かと思えば**下手な字だけど、心が温かくなる。（＝書いたと思ったら）

3 家族のことを思え**ばこそ**辛い仕事にもたえられるのだ。（＝家族のことを思うから）

4 画家である彼女は子育てをする**かたわら**作品の制作に力を尽くした。（＝子育をしながら）
類 一方で

2 文型を復元するパターン

1 Ａ社は原油の値上がりに株価の暴落が加わり、ついに市場からの撤退**を余儀なくされた**。（＝撤退に追い込まれた）
類 〜ざるを得ない

2 弟はゲームを始めた**が最後**声をかけても返事もしない。（＝始めたらその後はずっと）

3 電車の中で隣の人の話を**聞くともなく**聞いていた。（＝聞こうとせずに無意識に聞いていた）
類 〜でもなく

4 田中さんは「行くな」**と言わんばかりに**腕を組んでドアの前に立っていた。（＝「行くな」と言うように）

3 疑問詞と組になるパターン

1 私にとってスポーツは**何にもまして**ストレス解消になるものだ。（＝何よりも）

2 どんな人材**であれ**今は人手がほしいので受け入れたいと思っている。（＝どんな人材でも）
類 〜にせよ、〜だとしても

3 **どこからともなく**いい匂いがしてきておなかが急に空いてきた。（＝どこからかわからないが）

4 誰が何と言**おうとも**彼の決心は変わりそうになかった。（＝誰が何と言っても）
類 〜（よ）うが

4 数字と組になるパターン

1 締め切りまであと３日しかないので、今は**１分たりとも**無駄にはできないんです。（＝たとえ１分でも）

② この1週間**というもの**、ほとんど寝ないで作品を作っていました。（＝1週間という間は）

③ ドアを開けると2メートル**はあろうかという**大男が立っていた。（＝2メートルほどもある）
類 ～からある

④ 10時間あまり**に及ぶ**手術が終わったのは深夜0時近くだった。（＝10時間以上もかかる）

5 否定の表現と組になるパターン

① 仕事の内容次第では引き受け**ないものでもない**と彼は言った。（＝内容によっては引き受けるかもしれない）
同 ～如何では

② 彼の努力**なしには**この成功はなかったと言っても過言ではない。（＝彼の努力がなければこの成功はなかった）
類 ～なくして、～ぬきには

③ この怒りの気持ちを一言伝え**ずにはすまなかった**。（＝伝えなければ気持ちがおさまらなかった）

④ それは涙**なしには**語ることができ**ない**悲しい話だった。（＝泣かずには語ることができない）
類 ～なくして、～ぬきには

6 助詞で始まる文型のパターン

① 活発な姉**にひきかえ**妹は家の中で本を読んでいるのが好きという文学少女だ。（＝姉に比べて）
類 ～に比べて、～とは対照的に

② 母から若くして亡くなった父の話を聞く**につけ**本当に残念に思う。（＝父の話を聞くたびに）

③ こんな寒い日に外で寝たりしたら死ぬ**に決まっている**じゃないか。（＝絶対死ぬ）

④ 鉄道に関する知識**にかけては**誰にも負けない自信がある。（＝知識については）
類 ～においては、～に関しては

⑤ 余計なことは考えないで見て感じた**ままに**表現することが大切です。（＝見て感じたとおりに）

⑥ 終了のベルが鳴る**や否や**学生たちは席を立って教室から飛び出した。（＝鳴ったらすぐ）
類 ～た途端、～なり、～が早いか

⑦ カンニングしたことが先生に知れ**たが最後**彼らは厳しく罰せられる。（＝先生に知られてしまったらもうだめで）

⑧ 間に合った**と思いきや**目の前で電車のドアが閉まってしまった。（＝間に合ったと思ったら）

192

第2章 実践練習

UNIT 3 「問題7」に挑戦！—文章の展開をつかむ

❓ どんな問題？

「問題7」は「文章の文法」と呼ばれるものです。長文の中の5つの空所に合うものを4つの選択肢の中から選んで、文の流れに合った文にします。空所に入るのは、接続詞や助詞、文型、あるいは文中のキーワードだけではありません。空所の前後の文を読んだだけでは答えられないこともあります。文と文を結びつけてまとまりをもった文章にしなければなりません。

例

　朝の出勤時、都心の橋の上から川面を見下ろすと、水の上 __1__ サーフボードに似た形をしたボードに立って、ボートを漕ぐ櫂のようなものを使って、気持ちよさそうに水の上を進んでいる人たちが何人かいる。水上散歩というらしい。

　特別な技術は必要なく、中学生以上の人ならだれでもすぐに水の上に立って自由に移動、すなわち散歩が __2__ そうだ。道路は車がひしめき、歩道も出勤途中の人が忙しなく行き交う都会にあって、急ぐでもなくゆったりとぱちゃぱちゃやっている光景は、数メートルしか離れていないのにもかかわらず、まるで別世界で、まったく異なる時間が流れているように __3__ 。

　ボートのようにスピードが出るわけでもなく、どこか目的地に向かっているわけでもなく、何艘かのカラフルなボードが右へ左へ水面を自由に進んでいる。下から見上げた町の風景はどんなだろうか。橋の上を一心不乱に歩いている多くの勤め人の群れをよそに水の上でのんびり過ごす時間というのはどのようなものだろうか。

　実に興味深い。

　たぶん、今水上にいる人たちも、水から上がれば服を着替え、ネクタイを締め、パンプスを履き、それぞれの勤め先に向かうのであろう。 __4__ 、彼らはよどんだ空気はまとってはいない。顔を上げ背筋をしゃんと伸ばして元気よく仕事をスタートさせることだろう。うらやましい限りだ。 __5-a__ にひきかえ、どちらかというと重い足を引きずりながら出勤するこの __5-b__ にはなんなんだろう。

　今度一度、見学に行ってみようか。橋の上からの風景に少し前向きな気分をもらったような気がした。

1
| 1 では | 2 には | 3 から | 4 とは |

助詞の問題。「水の上」から「人たちがいる」に続く。「場所に人がいる」の形なので、「に」を選択する。「は」は強調の「は」。

2
| 1 楽しくなる | 2 難しくなる |
| 3 できるようになる | 4 できなくなる |

「誰でも」に自然につながる言葉を選ぶ。「特別な技術は必要なく」とあるから、感覚ではなく、できるかできないかの能力問題だとわかる。

3
| 1 感じてみたい | 2 感じさせられる |
| 3 感じたい | 4 感じたものだ |

主語などの省略もあり、わかりにくいが、使役表現が使われている文であることをとらえるのがポイント。〈ゆったりとぱちゃぱちゃやっている光景は別世界だ。そのことによって、私は〜と感じさせられる〉という流れ。

4
| 1 つまり | 2 それから | 3 だから | 4 しかし |

彼らは朝から「気持ちよさそう」「ゆったり」「のんびり」している。わたしを含めて「一心不乱に歩いている」人たちとは違う。

5
| 1 a 彼ら ／ b わたし | 2 a わたし ／ b 彼ら |
| 3 a 勤め人 ／ b わたし | 4 a 彼ら ／ b 勤め人 |

誰と誰を対比させているのか。「彼ら」と「私」あるいはいつも忙しそうにしている「勤め人」との対比だが、□のまえに、「この」があることに注意する。

解き方のポイント

① まず、選択肢から、助詞か、動作や行為か、接続表現か、何が問題になっているのかを考えましょう。

② 空所のある文やその前後の文が特に重要ですが、それらを含む段落全体をよく読み、流れをつかみましょう。

③ 〈場面や出来事〉〈時間の流れや順序〉〈筆者の意見や考え〉などがどう関係しているか、整理しながら読みましょう。

④ 接続表現はとても大切です。まずは順接か逆接か、言い換えか比喩か、しっかり把握しましょう。

⑤ 「誰が、いつ、どこで、何を、なぜ、どうした」といった５W１Hを常に考えながら読みましょう。

ことばと表現

- 漕ぐ：to row ／揺、划／ chèo
- 櫂：oar ／桨／ mái chèo
- ひしめく：人が大勢集まって押し合い、騒ぐ。
- 一心不乱：一つの事に集中している様子。
- よどむ：to stagnate ／淤塞、沉淀／ lắng, đọng
- 引きずる：to drag ／拖、拽／ kéo lê
- まとう：布などを体に巻いて隠すようにする。

1 文の流れを読むパターン

POINT

文章の流れをつかむのにカギとなるのは、接続詞に代表される、文と文をつなぐ働きを持つ言葉です。また、意見を述べるときによく使われる表現にも注意です。それらの意味や使い方を押さえておきましょう。

⇒ p.30「接続詞」を参照

接続表現

逆接	しかし、けれども、だが、ところが、それなのに、それでも
言い換え	つまり、すなわち、結局、言い換えれば、要するに
追加	また、あるいは、さらに、そのうえ、しかも、それに、そればかりか
因果関係	だから、そのため、それで、したがって、そこで、すると、
条件	ただし、なお、ただ、もっとも、ちなみに

筆者の意見を表す表現

反論	・**たしかに**「(一般的な意見)」。**しかし**「(筆者の意見)」。 ・「(一般的な意見)」。**そうは言っても、**「(筆者の意見)」。 ・「(一般的な意見)」**と言われている。しかし**「(筆者の意見)」。
問題提起	・**なぜ／どうして**「(一般的な意見)」**か。それは**「(筆者の意見)」**からだ。**
疑問文と答えの省略	・「(筆者の意見)」**ではないだろうか／にちがいない／はずだ／と言わざるをえない／** ・**だれが〜だろうか。**(省略) ⇒ だれも〜ない(筆者の意見) ・**なぜ〜か。**(省略) ⇒ 〜ないほうがいい(筆者の意見) ・**〜だろうか。**(省略) ⇒ 〜ではない(筆者の意見)

EXERCISE

次の□に入る最も適当なものを1～4から一つ選んでください。

日本の国土は狭いのだろうか。世界では60番目くらいの広さだ。これを広いと思うか狭いと思うかは人によって違うだろう。全世界の国々の面積を全部合わせた中で占める割合は0.28%と0.3%にも　1　。

2014年に国土地理院がそれまで計測していた方法を改め、新しいデジタル技術によって計測し直したところ、正確な数字が出て全部の都道府県の　2　。日本全体でも少しだけ国土が広がったという。とは言っても、計測方法を変えたという理由がなくても、日本の国土は年々　3　。

それはなぜか。海底火山の爆発で土地が増えた？ 確かにそれ　4　。けれども、毎年広がっているのは埋め立てによる拡張が大きい。とくに空港建設が行われるとかなりの広さの土地が増える。たとえば、大阪府は日本の都道府県の中で一番狭かったが、関西空港の建設や港湾の埋め立てにより最下位を香川県に　5　のだ。

1
1 次ぐ　　2 満たない　　3 達する　　4 なった

2
1 面積が変わった　　2 場所がわかった
3 位置が動いた　　4 形が確定した

3
1 狭くなっている　　2 動いている
3 広くなっている　　4 変化がない

4
1 はない　　2 もある　　3 だけだ　　4 かもしれない

5
1 奪われた　　2 決まった　　3 負けた　　4 譲った

③「問題7」に挑戦！

解答へのアプローチ

正解： 1 2　 2 1　 3 3　 4 2　 5 4

📖 ことばと表現
- □ **国土**：national land ／国土、领土／ lãnh thổ quốc gia
- □ **埋め立て**：landfill ／填拓（海、河）／ san lấp
- □ **拡張**(する)：広げること。
- □ **最下位**：一番下の順位。

1

文章の流れ　まず「日本の狭さ」について言っている。

ポイント
数量に関する表現
- [Aより小さい数字] と [A] に（も）**満たない**
- [Aより小さい数字] と [A] に次ぐ数字（大きさ、速さ）だった

※ 助詞に注意！

2　3

文章の流れ　正確に測れるようになった→面積が変わった

ポイント
- 「全体**でも**〜少しだけ〜**広がった**」→正確に測った結果、少しだけ広くなった
- 「計算方法を変えたという理由がなくても」＝計算方法に関係なく

4　5

文章の流れ　「埋め立て」によって国の面積が増えている。

ポイント
- 「確かにA。けれども〜」は「Aを部分的に肯定しながら、それではない、十分ではないと否定する」表現。
- 「最下位を譲る」は慣用句。ほかに「首位（の座）を譲る / 奪われる」「代表 / 社長の座を譲る」など。

2 誰が何をするのかを考えるパターン

POINT

「いつ どこで 誰/何が 何を なぜ どうする/どうした 」といった文の基本構造は、どんなに長い文でも読みとれるように練習しておきましょう。

EXERCISE

次の□□□に入る最も適当なものを1～4から一つ選んでください。

　しょうゆ差しが進化している。日本では刺身や漬け物をはじめとして、しょうゆにつけたり、 1 をかけたりして食べることが多く、どこの家でも食卓には 2 が置いてあるだろう。しかし、このしょうゆ、塩分の塊ともいえ、健康志向が高まってきている昨今、しょうゆの使いすぎを気にしている人がいるもの事実だ。
　そこで、新しく売られるしょうゆ差しには、そういう事情に合わせて工夫されたものが増えてきている。携帯も可能な小型のものでも、片方から1滴ずつ、もう片方からスプレー状にと、少量使用にこだわる人向きのものや、酸化の進みやすいしょうゆが空気に触れるのを少しでも減らそうと内部に浮き蓋を仕込んだものなど、あの手この手だ。デザインもユニークなもの多く、店頭で一度 3 ものばかりだ。

1
1　しょうゆ差し　　　　　2　しょうゆ
3　塩　　　　　　　　　　4　砂糖

2
1　しょうゆ差し　　　　　2　しょうゆ
3　塩　　　　　　　　　　4　砂糖

3
1　食べてみたくなる　　　2　置いてみたくなる
3　かけてみたくなる　　　4　手に取ってみたくなる

解答へのアプローチ

正解： 1 **2**　　2 **1**　　3 **4**

📖 ことばと表現

- **スプレー状**：スプレーの状態。
- **酸化**：oxydation ／氧化／ oxy hoá
- **浮き蓋**：中身が空気に触れないよう、表面に浮かせたふた。
- **仕込む**：工夫して必要なものを中に入れ用意しておくこと。
- **手に取る**：直接触ったり持ったりする。

1 2

文章の流れ　日本ではしょうゆで味つけをして食べることが非常に多い。⇒しかし、しょうゆにもマイナスの面がある（＝塩分が多い）。「しょうゆ」から「しょうゆ差し」へと話題の中心が移っていく。

ポイント　「しょうゆ」と入れ物の「しょうゆ差し」を区別する。動詞（つける、かける、置いてある）との対応関係に注意。

3

文章の流れ　いろいろな工夫をした新しいしょうゆ差しが増えてきた。

ポイント　新商品に興味を持った筆者の気持ちを表す文。「手に取ってみる」は、店で商品を実際に見るだけでなく試すときによく使われる慣用的な表現。

3 文の正しい形を選ぶパターン

♪ POINT

文の形に注意しましょう。

◇ 時制 「です／ます ⇔ でした／ました」	• いつの話か。 　現在を表す文か？ 過去を表す文か？
◇ 問題提起 「か？」	• 読者に向かって問いを投げかけるときには 　疑問文の形。
◇ 条件 「たら れば なら と」	• すでに起きたことなのか？ まだ起きていないことなのか？ • 現実の話か？ 仮定の話か？

＊時制：tense ／时态／ thì, thời (ngữ pháp)
＊問題提起：解決すべきこととして、新たな問題や課題を投げかけること。

EXERCISE

次の_____に入る最も適当なものを1〜4から一つ選んでください。

現在、日本では社会的な格差が拡大し、6人に1人が貧困状態にあると考えられている。特に若年男性の貧困率が高くなっている。30年ほど前は高齢男性の貧困率が__1__が、今ではすっかり逆転し、24歳以下の年齢層の貧困率のほうが高くなっている。若者が生き生きできず、希望が持てない社会に明るい未来は__2__。

ある調査によると、小学5年生の20％、中学2年生の40％の子供たちが「将来の夢はない」と答え、その理由として「何も思い浮かばない」とか「夢の実現は難しい」ことを挙げたという。貧困層の子供たちに限ると、この数字は__3__。

貧困層の子供たちでは栄養のバランスの偏りも指摘されている。保険料が払えない若者たちが病院にかかるのを控えるのも問題になっている。国は貧困対策を掲げはするが、なかなか予算化はされない。このまま格差社会がどんどん拡大すればどうなるのか。問題の解決には増税も含めた痛みを伴う覚悟を、国民一人ひとりが持てる__4__といえるのではないだろうか。

1
1 問題になっている
2 問題になっていた
3 問題になるかもしれない
4 問題になるだろう

2
1 描けた
2 描けるだろう
3 描けない
4 描こうとしている

3
1 さらに増える
2 さらに増えた
3 大幅に減る
4 大幅に減った

4
1 に違いない
2 かどうかにかかっている
3 としてもまだだ
4 とはとても思えない

解答へのアプローチ

正解： 1 2　　2 3　　3 1　　4 2

📖 ことばと表現

- □ 格差：あまり差が生じないように望まれるものの中に実際にある差。
- □ 貧困：poverty ／貧困、貧穷／ nghèo đói
- □ 掲げはする：一応掲げる。掲げることは掲げる。
- □ 覚悟（する）：mental preparation ／精神准备／ sự sẵn sàng, sự kiên quyết

1

文章の流れ	時制を正しくとらえる。
ポイント	「30年ほど前は〜、今ではすっかり〜」という文に注目。「30年ほど前」を表す時制は？

2

ポイント	「若者が生き生きできない」のはいつのことか。「今では」に注意を向ける。

3

文章の流れ	「若者に希望がない」という内容の前の段落に続くもの。さらに若い子供たちに希望はあるのか。
ポイント	夢を持てない子供が増えるか減るかを考える。さらに、過去の調査と比べているのではない。同じ調査の中での比較。動詞の時制は？

4

文章の流れ	格差をなくすためには、国民の痛みを伴う覚悟が必要。
ポイント	「解決には」につながる表現を探す。「解決するためには」と言い換えることができる。「覚悟を」「持てる」ということに楽観（持てる）も悲観（持てない）もしていない。「かどうか」で違う結果になると提示している。

4 選択肢の組み合わせを選ぶパターン

♪ POINT

文中によく出てくる言葉を組み合わせた形で選びます。
文の流れをよく押さえて、正しい組み合わせを選びましょう。

◇いつ、どこで、だれが、何を、どうやって、なぜ
5W1Hは常にしっかり把握しておきましょう。

◇文法的に組になる表現
いつも否定を表す語と結びつく副詞など、決まった語と組になって使われる言葉があります。セットで覚えましょう。

⇒ p.21「副詞」を参照

もし　万一	── ても　ば　なら　たら
たとえ	── ても　とも
おそらく　きっと　おおかた　さぞ　たぶん　どうせ	── だろう
とうてい　断じて　いっこうに　さっぱり　必ずしも	── ない
ぜひ　どうか　どうぞ	── たい　ほしい
まるで　ちょうど	── ようだ
まさか　よもや	── まい　ないだろう
どうか　ぜひ　どうぞ	── ください
はたして	── だろうか
とかく	── がち
つい	── てしまう
どうも	── らしい
ぜったい　かならず	── つもりだ

EXERCISE

次の□に入る最も適当なものを1〜4から一つ選んでください。

　クリオネという生物がいる。南極や北極に近い寒い地方の海に生息し、日本でも北海道沿岸で見ることができる。見ることができるといっても、そのサイズは1ミリから3ミリ程度なので、自然の状態で見ることはあまりできない。見たことがあるという人は　1-a　、水族館やテレビＣＭで　1-b　。

　貝の一種なのだが、成長とともに貝殻がなくなり、透明な体で浮遊している。頭と胴体の両脇に　2-a　天使の羽　2-b　形をした足があり、それをはばたかせて泳ぐ。その姿から「流氷の天使」とか「氷の妖精」とも呼ばれている。その姿を見た人は誰もが「かわいい」と思うだろう。

　ところが、肉食するときのクリオネの姿は見ているものの度肝を抜く。昔話に出てくる鬼さながらに、頭（に見えるもの）が二つに割れ中から6本の触手が現れ獲物を捕まえるとそのまま相手の養分を吸い取るのだ。まるで悪魔のような恐ろしい食事風景が展開される。

　私たちはその外見から　3-a　悪魔と呼んだり天使と呼んだり　3-b　が、たとえどのように呼ばれようとも、クリオネがクリオネであることに変わりはなく、彼らは北の海に生き続けている。

[1]

1　おおかた／見たのだろう　　2　たぶん／聞いたことがあるのだ
3　なんども／確かめたい　　　4　もしかすると／まちがえたのだ

[2]

1　ちょうど／と同じ　　　　　2　どちらかといえば／より小さい
3　まるで／のような　　　　　4　さも／といった

[3]

1　ふと／する　　　　　　　　2　つい／してしまう
3　心から／している　　　　　4　たしかに／した

③「問題7」に挑戦！

解答へのアプローチ

正解： 1 1   2 3   3 2

📖 ことばと表現

- **水族館**：aquarium ／水族馆／ thuỷ cung
- **貝殻**：seashell ／贝壳／ vỏ sò
- **胴体**：trunk of the body ／躯体、胴体／ thân mình (phần chính của cơ thể động vật không bao gồm đầu, tay, chân)
- **両脇**：under both arms ／两腋／ hai bên nách
- **天使**：angel ／天使／ thiên sứ
- **はばたく**：鳥がつばさを広げて強く上下させる。
- **流氷**：drift ice ／流冰、浮冰／ băng trôi
- **妖精**：fairy ／妖精、仙子／ yêu tinh, nàng tiên
- **度肝を抜く**：非常にびっくりさせる。
- **触手**：動物が相手を捕まえ食べるときなど、ものの存在を感じとるのに使う、体から突き出た部分。

1

文章の流れ　特別な環境に育つクリオネを自然な状態で見ることはあまりない。

ポイント　「たぶん」「おおかた」「おそらく」などの確定できない副詞に続くのは予測の「だろう」。「見たことがある」「水族館やテレビＣＭで」とあるので、「見る」につなげる。

2

ポイント　天使の羽ではないが天使の羽のように見えるということ。

3

文章の流れ　わたしたちは形を見ただけで簡単に名を付けわかった気になるが、わたしたちの名付けと自然界の生物は関係なく生きている。

ポイント　「気軽に、簡単にしてしまうが、実際は…」という流れをとらえる。「ふと」は何気なく、無意識に。「つい」は深く考えずにしてしまうこと。

5 人と人との関係性を見るパターン

♪ POINT

受身・使役・使役受身・行為の授受といった表現では、「誰がそれをしたか」をしっかりつかむことが大切です。自動詞・他動詞の関係とともに、もう一度、きちんと整理しておきましょう。

- 泥棒は　警察官に　捕まえられた。　→　誰が捕まった？
　　　　　　　　　　　　　　　　　　　誰が捕まえた？

- 花子は　恋人に　指輪を　買わせた。　→　うれしいのは
- 愛子は　恋人に　指輪を　買ってもらった。　　　　花子？　愛子？

- 太郎は　妹に　ケーキを　食べさせた。　→　悲しいのは
- 次郎は　妹に　ケーキを　食べられた。　　　　太郎？　次郎？　三郎？
- 三郎は　妹に　ケーキを　食べてもらった。

＊行為の授受：相手に行為を及ぼしたり、相手の行為を受けたりすること。

EXERCISE

次の ☐ に入る最も適当なものを1～4から一つ選んでください。

(1)

> 以前、日本では女性の働く現場は限られていたが、女性の社会への進出とともに、職種もどんどん広がっている。単純に考えても消費者の半分は女性であるし、既婚者では財布のひもを女性に ☐1☐ ことも多い。というわけでもあるまいが、商品開発部門への女性の進出も著しく、成功事例も増えてきている。今後は、企業の中枢部門で女性が責任を ☐2☐ ことも増えてくるだろう。

☐1☐
1　握らせている　　　　　　　　　2　握ってもらっている
3　握られている　　　　　　　　　4　握らせられている

☐2☐
1　担わせる　　2　担わせてもらう　　3　担われる　　4　担わせられる

(2)

> ピアノのお稽古といえば、子供たちが通うもので、その多くは自分の意志というより、親に ☐3☐ というパターンだが、最近は様子が違ってきているようだ。
> 　大手ピアノ教室によると、大人のためのピアノ教室が活況を呈しているということだ。8割が女性で、30代の会社員が多いらしい。ピアノだけでなく、大人のバレエや大人のサッカー教室など体を動かすものも人気がある。
> 　ピアノやバレエなどは、子供のころに習いたかったが ☐4☐ ものを大人になって自分の意志で始めた例といえるだろう。あるいは少子化が進む日本で、お稽古教室の策略に乗せられたのか…？

☐3☐
1　通われていた　　　　　　　　　2　通ってもらっていた
3　通わされていた　　　　　　　　4　通わせていた

☐4☐
1　習われなかった　　　　　　　　2　習えなかった
3　習えた　　　　　　　　　　　　4　習ったことがある

解答へのアプローチ

正解：(1) 1 3　2 4　(2) 3 3　4 2

📖 ことばと表現

- □ **既婚者**：既に結婚している人。
- □ **中枢**：組織の中心にあり、最も重要な働きをするところ。
- □ **部門**：section ／部门／ bộ môn, lĩnh vực
- □ **活況を呈する**：盛んで、賑わっている様子。

(1)

1

文章の流れ	以前と違って、女性の活躍する舞台は増えてきたし、これからもその傾向は続くだろう。
ポイント	「財布のひもを握る」で、経済的な主導権を持つという意味。文意から女性の力が増しているということを考えると、「既婚者」は夫であることがわかる。「女性」は妻。主導権が女性＝妻にあるのだから、既婚者＝夫に主導権はない。「握っている」のは妻、「握られている」のは夫。

2

ポイント	「女性が責任を」続く形を考える。「責任を担わせるのは経営者」と考える。

(2)

3

文章の流れ	子供のお稽古事が大人に広がってきている。
ポイント	「子供が」「親に」「自分の意志というより」（＝強制的に）につながるのは使役受身の形。

4

ポイント	「習いたかったが」に続く言葉を探す。さらに「自分の意志」がヒントになる。子供のころは自分の意志ではなかったということが読みとれる。

6 決まった語句との結びつきを選ぶパターン

POINT

文中によく出てくる言葉を組み合わせた形で選びます。
文の流れをよく押さえて、正しい組み合わせを選びましょう。

⇒ p.21「副詞」を参照

● 否定表現と結びつく	あまり / 一度も / 全然 / まったく / なかなか / いっこう / めったに / 大して 誰も / 何も / 必ずしも
● 推量表現と結びつく	きっと / おそらく / たぶん / どうも / どうやら / もしかすると（したら）/ さぞ / まさか
●「たら」と結びつく	もし / もしも / 仮に / 万一
●「ても」「とも」と結びつく	どんなに / たとえ / いくら / 仮に / 万一 / いかに
● 変化の表現と結びつく	だんだん / どんどん / みるみる / ますます / 一段と / すっかり / 次第に / 徐々に / 少しずつ / 一気に
● 希望や願望、依頼などの表現と結びつく	ぜひ / 必ず / どうか / くれぐれも / 何とかして / 何が何でも / どうしても

EXERCISE

次の◻︎に入る最も適当なものを1～4から一つ選んでください。

(1)

> 子供に対する虐待がなくならない。これにはさまざまな要因が複雑に絡み合っていて、単に親の責任と言い捨てることもできない。いかに社会システムとのしてのセーフティーネットが ◻1◻ その情報が届かなければ意味が無いし、家族や近隣住民の適度なお節介や親や子供からのいろいろな信号をキャッチするアンテナの感度も、ともに求められているといえるだろう。

1

1 整備されたら
2 整備されたとしても
2 整備されなかったら
4 整備されようとしても

(2)

> 「忘れられる権利」についての論争が盛んだ。
> 「忘れられる権利」とは、ネット上に出た個人に関する情報の削除を要求できるというものだ。ネットでは簡単にあらゆる情報の検索が可能になっている。どんなに ◻2◻ 、瞬時に検索される。日本に「人の噂も七十五日」ということわざがあるように、今までは、時とともに社会を騒がせたニュースであっても忘れ去られるのが普通だった。ところが、そうはいかなくなってきているのだ。
> ただ、この権利は「知る権利」や「報道の自由」とは対立するものであるだけに、裁判によりいったん削除された情報がメディア側からの申し立てで再び復活した、という例もある。
> 忘れたい過去も検索によって誰かに思い出され、掘り起こされる可能性があるということは、おそらくインターネット社会に生きる我々が今後真剣に考えていかなければならない課題であることは ◻3◻ 。

2

1 面白い話も
2 昔のことであっても
3 難しいことが
4 遠い国のニュースが

3

1 確かだろう
2 知られていない
3 信じたい
4 間違っている

解答へのアプローチ

正解：(1) ①　2　(2) ②　2　③　1

ことばと表現

- **虐待**：abuse ／虐待／ ngược đãi
- **絡み合う**：to tangle ／互相缠绕、彼此牵扯／ quấn vào nhau, bện vào nhau
- **お節介**（する）：（頼まれてもいないのに）余計な世話をすること。
- **感度**：sensitivity ／灵敏性／ độ nhạy
- **検索**（する）：search ／检索／ truy tìm, truy cập
- **瞬時に**：瞬間的に。
- **報道**（する）：news report ／报道／ tin tức

(1)

①

文章の流れ	子供の虐待をなくすためには、親の責任にするだけでなく、社会全体での対策や、家族・近隣住民の関心も必要だ。
ポイント	「いかに」に続く言葉、「～とも」「～ても」を探す。「ようとする」は気持ちだけで実現していないことを表す。

(2)

②

文章の流れ	インターネット社会は、今まで概念のなかった「忘れ去られる権利」まで必要とされるようになったが、これはほかの権利と複雑に絡み合ったもので、まだまだ課題も多い。
ポイント	「どんなに～ても／でも」という組み合わせを見つける。

③

ポイント	「おそらく～だろう」という結びつきが読みとれると簡単。また、文章冒頭の「論争が盛んだ」もヒントになる。

7 助詞と助詞の組み合わせに注目するパターン

♪ POINT

助詞は単独でも使われますが、ほかの助詞と一緒に使われることも多いです。
動詞と違ってほかの助詞と組み合わさっても、もとの助詞の意味がなくなることはないので、助詞の意味や機能をしっかり学習しておくことが大切です。

⇒ p.12「助詞」を参照

◇ 強調の「は」…

のは	私が買った**のは**明日のチケットです。
とは	彼が知っている**とは**思いませんでした。
には	パーティー**には**誰が来ますか。
では	この町**では**新鮮な魚が食べられます。

◇ 名詞につなぐ「の」…

での	日本**での**経験を役立たせたい。
との	私の国は日本**との**貿易が盛んだ。
への	若者**への**提言があります。
からの	親**からの**支援なしには生活できない。

◇ 名詞にする「の」…

のを	人々は首相が現れる**のを**待っていた。
のが	景気が回復する**のが**遅れている。
のに	この製品は屋外で使う**のに**適している。

◇ さらに組み合わさって…

のでは	今から取りかかっていた**のでは**間に合わない。
のとは	このメールが彼から**のとは**思わなかった。

◇ また、「も」もいろいろな助詞と一緒に使われます

にも	私**にも**できますか。
とも	あなた**とも**お別れですね。
でも	あの歌手は日本**でも**人気がある。
をも	この船は分厚い氷**をも**砕く力がある。

EXERCISE

次の____に入る最も適当なものを1～4から一つ選んでください。

(1)

東京の渋谷駅の前に小さな犬の像があり、待ち合わせ場所の目印として多くの人に利用されている。昔、毎日飼い主を迎えに来ていた犬が、飼い主が死んでも毎日駅前で飼い主が帰ってくる__1__待っていたという話が有名で、忠犬ハチ公の像と呼ばれている。

1
1　のが　　　2　のと　　　3　のに　　　4　のを

(2)

酔っ払った人が駅のホームから線路に落ちたり、電車と接触するなどの事故についての調査結果が発表された。

酔っ払っていて危ないなぁと私たちが判断する__2__、ふらふらと歩くいわゆる千鳥足と言われる歩き方をしている人たちだが、調査結果では、この人たちの転落事故は意外なことに1割程度に過ぎなかった。

一番多かった__3__、ホームのベンチに座っていた人が突然立ち上がり、まっすぐ線路に向かって歩き出して、そのまま転落してしまうというケースで、なんと事故全体の6割に達した。そのほか、立っていた人が突然バランスを崩して転落するというものが3割ほどだという。

この結果を受けて、駅の中__4__、ベンチの向きを変えるなどの対策をとったところもある。年末年始や歓送迎会、花見のシーズンなど飲酒の機会が増える時期__5__駅員も見守りを強化することにしているが、立ち上がって転落するまで数秒しかないなど、対応__6__限界がありそうだ。

2　1　では　　2　とは　　3　に　　4　のは
3　1　のと　　2　のに　　3　のは　　4　のも
4　1　では　　2　とは　　3　には　　4　のは
5　1　にと　　2　にの　　3　には　　4　にも
6　1　にと　　2　にの　　3　には　　4　にも

解答へのアプローチ

正解：(1) 1 4　**(2)** 2 4　3 3　4 3　5 3　6 4

📖 ことばと表現

- □ **忠犬**：主人に対して忠実な（faithful ／忠诚／ trung thành）犬。
- □ **〜公**：誰かを指すときに名前に付ける言葉。元々は特別な身分の人に対するものだったが、しだいに身近な者にも使うようになった。親しみあるいは軽蔑をこめて言うことも多い。
- □ **接触**（する）：体が触れること。
- □ **千鳥足**：酒に酔ってふらふらと歩くこと。
- □ **転落**（する）：転げ落ちること。高い所から落ちること。

(1)

1

文章の流れ	飼い主を慕って飼い主の死後も駅前で飼い主を待ち続けた犬がいた。
ポイント	「待つ」につながる「助詞」は？

(2)

2

文章の流れ	駅のホームから転落する人の調査結果。意外なことに、ふらふらして落ちるのではなく、まっすぐ線路に向かって落ちる人が多く、対策も考え始められている。
ポイント	「AはBだ」という文の形に気づく。

3

ポイント	「一番は〜」というのと同じ。

4

ポイント	「駅の中」は「多くの駅の中、いろいろある駅の中」という意味。また文末の「ある」に結びつく助詞を考える。

5

ポイント	「時期」は時間を表す言葉と同じように使われる。「年末年始や歓送迎会、花見のシーズン」は、ほかの時期と違って特別な時期だと言っている。

6

ポイント	「〜に〜がある」という文の構造が読みとれれば簡単。

PART 3
模擬試験

模擬試験の採点表

　配点は、この模擬試験で設定したものです。実際の試験では公表されていませんが、各科目の合計得点が示されているので（60点）、それに基づきました。「基準点*の目安」と「合格点の目安」も、それぞれ実際のもの（19点、100点）を参考に設定しました。。
　　＊得点がこれに達しない場合、総合得点に関係なく、それだけで不合格になる。

基準点に達しない科目があれば、重点的に復習しましょう。
基準点に達しなければ、苦手分野にならないよう、しっかり復習しましょう。
合格可能性を高めるために、この模擬試験では18点以上を目指しましょう。

●採点表

大問	配点	満点	正解数	得点
問題5	1点×10問	10		
問題6	2点× 5問	10		
問題7	2点× 5問	10		
合計		30		
（基準点の目安）				(10)
（合格点の目安）				(17)

解答用紙は別冊 p.8 にあります。

問題5 次の文の（　　）に入れるのに最もよいものを、1・2・3・4から一つ選びなさい。

① 医者（　　　）、病気になれば不安になることもあるだろう。

　　1　はおろか　　　2　たりとも　　　3　といえども　　　4　ともなると

② A「ネットでよく動画を見るけど、中には本当にひどい内容のものがあるね。」
　 B「うん。残酷なものとか下品なものとかね。見るに（　　　）よ。」

　　1　いたる　　　2　たえない　　　3　あたらない　　　4　かたくない

③ A「ねえ、今度、スノーボードやってみない？　楽しいよ、きっと。」
　 B「私が？　スキーも全然だめなのに、（　　　）よ。」

　　1　できっこない　　　　　　　2　できるに決まってる
　　3　できないことはない　　　　4　できないものでもない

④ A「開会の挨拶は、田中さんにやってもらいましょうか。」
　 B「田中さんねえ…。いい話をしてくれるとは思うけど、ちょっと話が長くなる（　　　）んだよね。」

　　1　しかない　　　　　　　　2　までもない
　　3　きらいがある　　　　　　4　のを余儀なくされる

⑤ 冗談（　　　）、うちの会社も危ないよ。いつ倒産してもおかしくない。

　　1　ぬきで　　　2　ながらに　　　3　なくして　　　4　をよそに

⑥ A「近くて安い温泉旅館に2泊するとしたら、いくらくらいかかる？」
　 B「そうだなあ。往復の交通費も含めて、だいたい2万円って（　　　）かな。」

　　1　こと　　　2　わけ　　　3　くらい　　　4　ところ

⑦ この帽子、色（　　　）、形（　　　）、私の好みにぴったり。

　　1　なり／なり　　　　　　　2　だの／だの
　　3　であれ／であれ　　　　　4　といい／といい

8 「監督、1か月くらい入院するかもしれないんだって。」
「そうか…。練習しろ、練習しろってうるさいけど、(　　　) 寂しいよね。」

1　いようがいまいが　　　　　　2　いないときに限って
3　いなきゃいないで　　　　　　4　いなくなったが最後

9 A「あの言葉の意味、わかった？」
B「いや。いろいろ (　　　)、結局、よくわからなかった。」

1　調べっこなく　　　　　　　　2　調べまくったけど
3　調べさるを得なくて　　　　　4　調べるまでもなくて

10 A「彼はいつも社長の機嫌とりばかりして、嫌な感じ。気に入られようと必死なのね」
B「そうだね。ぼくなんか、(　　　) 出世したいと思わないな」

1　それだけ　　　　　　　　　　2　そこまでして
3　それにしても　　　　　　　　4　それくらいまで

問題6 次の文の ★ に入る最もよいものを、1・2・3・4から一つ選びなさい。

（問題例）

　　あそこで ＿＿＿ ＿＿＿ ★ ＿＿＿ は山田さんです。

　　1　テレビ　　　　2　見ている　　　　3　を　　　　　　4　人

（解答のしかた）

1．正しい文はこうです。

　　　あそこで ＿＿＿ ＿＿＿ ★ ＿＿＿ は山田さんです。
　　　　　1　テレビ　3　を　2　見ている　4　人

2．★ に入る番号を解答用紙にマークします。

　　（解答用紙）

　　| （例） | ① ● ③ ④ |

1 昨日は夜、部屋に戻ってびっくりしました。＿＿＿ ＿＿＿ ★ ＿＿＿ かけていなかったんです。

　1　つもり　　　　2　かぎをかけて　　3　だったけど　　4　出た

2 消防隊員は、＿＿＿ ＿＿＿ ★ ＿＿＿ 懸命に救助活動を続けた。

　1　炎を　　　　　2　激しく　　　　　3　燃え上がる　　4　ものともせず

3 彼女の ＿＿＿ ＿＿＿ ★ ＿＿＿ 、優しく語りかけるようなサウンドとなっている。

　1　ギターの　　　2　があいまって　　3　繊細な歌声と　　4　柔らかい響き

4 彼はいつもあんな調子で、＿＿＿ ＿＿＿ ★ ＿＿＿ 忘れてしまうんです。

　1　いくら　　　　2　聞いた　　　　　3　そばから　　　4　説明しても

5 いろいろ言うのも、＿＿＿ ＿＿＿ ★ ＿＿＿ なんだから、そんなに怒らないで。

　1　こそ　　　　　2　思えば　　　　　3　ことを　　　　4　あなたの

問題7　次の文章を読んで、1から5の中に入る最もよいものを、1・2・3・4から一つ選びなさい。

　日本人にネコの好物は何だと思うかと聞くと、よほど詳しい専門家でない限り、「魚」と答える　1　。日本で有名なアニメ「サザエさん」のテーマソングにもネコと魚の組み合わせが出てくるし、日本語を学ぶ人の教材にもネコと魚のイラストが使われていたりする。日本人には「ネコは魚が好き」と刷り込まれているようだ。

　　2　、「所変われば品変わる」で、ヨーロッパでは「鶏肉」と答える人が多いということだ。本来肉食のネコではあるが、イタリアでは「パスタ」と答えるらしく、結局、身の回りにあって与えやすいものを与えているだけで、ネコの本当の好みなんて誰も聞いてないのではないか。ネコのほうも、与えられているから食べているだけなのかもしれない。

　今では、総合栄養食として調整されたキャットフードを食べている飼いネコのほうが多いのだろうが、キャットフードにもチキン味とか魚味とか好みの味を選べるものがある。ただ、日本では圧倒的に魚味が売れていると聞く。実際、本当かどうかインターネットで調べてみたら、人気のウェブ・ショッピング・サイトのページの上位に並んでいたのは確かに　3-a　味だった。　3-b　味もないわけではないが、魚味には遠く及ばずといった感じだった。やはり、日本人は直接魚をやらないまでも、「ネコには魚」という思い込みが強いようだ。

　そのせいか、ネコの健康に詳しい専門家は、飼い主が思い込みで魚ばかり　4　と病気になるとか、食べさせてはいけない食品があるとか、警告を発していたりする。かと思えば、「私のかわいいネコちゃんはこんなものが好物でいつもよく食べます」と、変わったものを好んで食べることを自慢したりする人たちもいる。

　いずれにせよ、何事も偏るのはよくないというのは当然で、バランスの取れた食事が一番ということだ。そして、「たまにはお楽しみのために少し変わったものを食べるのはいい」などと聞けば、人間とあまり　5　。

1
1　に違いない　　　　　　　　2　にあたらない
3　に限らない　　　　　　　　4　にしのびない

2
1　なるほど　　　　　　　　　2　たとえ
3　そのうえ　　　　　　　　　4　ところが

3
1　a　魚　／　b　肉
2　a　肉　／　b　魚
3　a　チキン　／　b　魚
4　a　魚　／　b　チキン

4
1　食べさせている　　　　　　2　食べさせられている
3　食べられている　　　　　　4　食べている

5
1　変わってしまうではないか　　2　変わりすぎているではないか
3　変わりがないではないか　　　4　変わるのではないか

文型さくいん

あ
- あげく ····················· 69
- あっての ··················· 119
- あまり ····················· 68
- いかんで ··················· 104
- いかんにかかわらず ········· 104
- いかんを問わず ············· 104
- 以上 ······················· 68
- 以前の ····················· 124
- うえで ····················· 68
- うえは ····················· 68
- おかげで ··················· 68
- おそれがある ··············· 77

か
- が～でなくてなんだろう ····· 124
- か～ないかのうちに ········· 70
- が～まいが ················· 95
- が～ようが～は ············· 95
- が～を～たらしめる ········· 97
- かぎり ····················· 62
- かぎり(は) ················· 62
- かぎりだ ··················· 124
- が最後 ····················· 82
- かたがた ··················· 93
- かたわら ··················· 93
- がち ······················· 76
- がてら ····················· 93
- かと思うと／思ったら ······· 70
- かねない ··················· 77
- かねる ····················· 76
- かのごとく ················· 89
- が早いか ··················· 82
- からある ··················· 97
- からこそ ··················· 60
- からして ··················· 61
- からすると ················· 61
- からといって ··············· 61
- からには ··················· 60
- 気味 ······················· 76
- きらいがある ··············· 110

- きり ······················· 69
- きわまる ··················· 124
- くらいなら(ぐらいなら) ····· 104
- げ ························· 76
- ことか ····················· 57
- ことから ··················· 57
- ごとき ····················· 89
- ことだ ····················· 57
- こととて ··················· 119
- ことなく ··················· 57
- ことなしに ················· 104

さ
- 最中に ····················· 71
- 際に ······················· 70
- ざるを得ない ··············· 65
- 次第 ······················· 71
- 始末だ ····················· 102
- すえに ····················· 69
- ずくめ ····················· 110
- ずじまい ··················· 102
- ずにはいられない ··········· 64
- ずにはおかない ············· 117
- ずにはすまない ············· 117
- すら ······················· 97
- せいで ····················· 68
- そばから ··················· 82
- そびれる ··················· 102

た
- だけあって ················· 60
- だけに ····················· 60
- だけのことはある ··········· 60
- たことになる ··············· 128
- たつもりで ················· 110
- たところ ··················· 58
- たところで ················· 58, 95
- たとたん ··················· 70
- だに ······················· 97
- たら～たで ················· 85
- だらけ ····················· 76

- たら最後(たが最後) ········· 105
- たりとも ··················· 97
- たる ······················· 87
- つ、～つ ··················· 97
- ついでに ··················· 75
- っけ ······················· 79
- っこない ··················· 79, 122
- つつある ··················· 78
- っぱなし ··················· 102
- っぽい ····················· 76
- て～ないことはない ········· 122
- であれ～であれ ············· 89
- て以来 ····················· 71
- てからというもの ··········· 82
- てこそ(の) ················· 105
- てしょうがない ············· 66
- てたまらない ··············· 66
- てならない ················· 66
- ては～、～ては ············· 98
- ではあるまいし ············· 119
- てひさしい ················· 82
- てまで ····················· 79, 105
- てやまない ················· 117
- と相まって ················· 105
- とあって ··················· 119
- といい～といい ············· 89
- というものでもない ········· 56
- といえども ················· 95
- といったらありゃしない ····· 124
- と思いきや ················· 100
- と思えば～られる ··········· 122
- ときたら ··················· 115
- とくれば ··················· 115
- どころか ··················· 58
- どころではない ············· 58
- ところを ··················· 85
- としたら ··················· 78
- としても～ものではない ····· 123
- とともに ··················· 73
- とは ······················· 100
- とはいえ ··················· 100

とはうらはらに ・・・・・・ 100	に沿って ・・・・・・・・・・ 73	まくる ・・・・・・・・・・・・ 111
とはかぎらない ・・・・・・ 62	に対して ・・・・・・・・・・ 72	までして ・・・・・・・・・・ 98
とばかり ・・・・・・・・・・ 110	にたえない ・・・・・・・・ 124	までだ ・・・・・・・・・・・・ 129
とばかりに ・・・・・・・・ 111	にちがいない ・・・・・・ 67	までもない ・・・・・・・・ 129
ともなく ・・・・・・・・・・ 111	について ・・・・・・・・・・ 72	まみれ ・・・・・・・・・・・・ 111
ともなると ・・・・・・・・ 85	につけ ・・・・・・・・・・・・ 70	めく ・・・・・・・・・・・・・・ 112
	につれて ・・・・・・・・・・ 72	もあろうかという ・・・ 98
な	にとって ・・・・・・・・・・ 78	もさることながら ・・・ 90
ないことには ・・・・・・・・ 64	にとどまらず ・・・・・・ 87	ものがある ・・・・・・・・ 56
ないことはない ・・・・・・ 64	にともなって ・・・・・・ 73	ものだから ・・・・・・・・ 56
ないではいられない ・・・ 64	にのっとって ・・・・・・ 107	ものではない ・・・・・・ 56
ないではおかない ・・・ 117	に反して ・・・・・・・・・・ 74	ものなら ・・・・・・・・・・ 56
ないではすまない ・・・ 117	にひきかえ〜は ・・・・ 92	ものの ・・・・・・・・・・・・ 56
ないまでも ・・・・・・・・ 105	にほかならない ・・・・ 66	ものを ・・・・・・・・・・・・ 125
ないものでもない ・・・ 128	にも〜ない ・・・・・・・・ 123	
ながらに ・・・・・・・・・・ 93	にもまして ・・・・・・・・ 92	**や**
ながらも ・・・・・・・・・・ 93	によって ・・・・・・・・・・ 74	や否や ・・・・・・・・・・・・ 83
なくして ・・・・・・・・・・ 106	の至りだ ・・・・・・・・・・ 125	ゆえ ・・・・・・・・・・・・・・ 119
なしに ・・・・・・・・・・・・ 106	の極みだ ・・・・・・・・・・ 125	ようがない ・・・・・・・・ 66
などさらさらない ・・・ 117		ようとすらしない ・・・ 112
ならではの ・・・・・・・・ 87	**は**	ようによっては ・・・・ 107
なり ・・・・・・・・・・・・・・ 83	は〜いかんだ ・・・・・・ 104	よりほかない ・・・・・・ 64
なり〜なり ・・・・・・・・ 89	は〜というところだ ・・ 128	
なりに ・・・・・・・・・・・・ 106	は〜に(は)あたらない ・・ 128	**わ**
なりの ・・・・・・・・・・・・ 106	は〜にたる ・・・・・・・・ 125	わけがない ・・・・・・・・ 59
に(は)〜を禁じえない ・・ 125	は〜の一途をたどる ・・ 111	わけだ ・・・・・・・・・・・・ 58
に/として〜(ある)まじき ・・ 131	は否めない ・・・・・・・・ 128	わけではない ・・・・・・ 59
に〜ない ・・・・・・・・・・ 122	はおろか〜も(〜ない) ・・ 90	わけにはいかない ・・・ 59
にあって ・・・・・・・・・・ 85	ばかりか ・・・・・・・・・・ 63	をおいて ・・・・・・・・・・ 87
にいたっては ・・・・・・ 85	ばかりでなく ・・・・・・ 62	を限りに ・・・・・・・ 83, 112
に至る ・・・・・・・・・・・・ 102	ばかりに ・・・・・・・・・・ 63	を皮切りに ・・・・・・・・ 83
に応じて ・・・・・・・・・・ 73	ばこそ ・・・・・・・・・・・・ 119	をきっかけに ・・・・・・ 69
にかかわらず ・・・・・・ 74	はしないかと ・・・・・・ 110	を問わず ・・・・・・・・・・ 74
にかかわる ・・・・・・・・ 115	ばそれまでだ ・・・・・・ 129	をぬきにして ・・・・・・ 75
にかぎり ・・・・・・・・・・ 62	はともかく ・・・・・・・・ 78	をふまえて ・・・・・・・・ 107
にかたくない ・・・・・・ 122	はもちろん〜も ・・・・ 78	をめぐって ・・・・・・・・ 72
に関して ・・・・・・・・・・ 72	べからず ・・・・・・・・・・ 131	をもって ・・・・・・・・・・ 107
に比べて ・・・・・・・・・・ 74	べきだ ・・・・・・・・・・・・ 79	をものともせず(に) ・・ 95
にしたがって ・・・・・・ 72	べく ・・・・・・・・・・・・・・ 121	を余儀なくされる ・・・ 112
にしたって ・・・・・・・・ 86	放題 ・・・・・・・・・・・・・・ 111	をよそに ・・・・・・・・・・ 95
にして ・・・・・・・・・・・・ 87	ほど ・・・・・・・・・・・・・・ 77	んがために ・・・・・・・・ 121
にしろ〜にしろ ・・・・ 78	ほど〜はない ・・・・・・ 77	んばかりに ・・・・・・・・ 112
にすぎない ・・・・・・・・ 67		
に先だって ・・・・・・・・ 71	**ま**	
に即して ・・・・・・・・・・ 106	まい ・・・・・・・・・・・・・・ 67	

● 著者

氏原 庸子（大阪YWCA 講師）
岡本 牧子（大阪YWCA 非常勤講師）

レイアウト・DTP	オッコの木スタジオ
カバーデザイン	花本浩一
翻訳	Alex Ko Ransom ／ Ako Fukushima
	司馬黎／王雪／近藤美佳／ Lai Thi Phuong Nhung
イラスト	白須道子
編集協力	森本智子／高橋尚子

日本語能力試験　N1文法　必修パターン

平成27年（2015年）　6月10日　初版第1刷発行
令和5年（2023年）　2月10日　　　第4刷発行

著　者	氏原庸子・岡本牧子
発行人	福田富与
発行所	有限会社Jリサーチ出版
	〒166-0002　東京都杉並区高円寺北2-29-14-705
電　話	03(6808)8801（代）　FAX 03(5364)5310
編集部	03(6808)8806
	http://www.jresearch.co.jp
印刷所	株式会社シナノ パブリッシング プレス

ISBN 978-4-86392-233-4
禁無断転載。なお、乱丁、落丁はお取り替えいたします。

©2015 Yoko Ujihara, Makiko Okamoto　All rights reserved.　Printed in Japan

〈模擬試験〉
答えと解説

模擬試験　解答・解説……2

試験に出る言葉…………4

解答用紙（模擬試験）……8

問題5

1 正解：3
医者（といえども）、病気になれば不安になることもあるだろう。

☞ 医者はいつも患者に不安を与えない態度でいるけれども、そんな医者でも反対の立場になれば私たちと同じだ、という文意。

2 正解：2
A「ネットでよく動画を見るけど、中には本当にひどい内容のものがあるね」
B「うん。残酷なものとか下品なものとかね。見るに（たえない）よ。」

📖 ことばと表現
□ 動画：

3 正解：1
A「ねえ、今度、スノーボードやってみない？ 楽しいよ、きっと。」
B「私が？ スキーも全然だめなのに、（できっこない）よ。」

☞ 「できっこない」は「できるはずがない」の意味。友達や家族と話すときに使う。

4 正解：3
A「開会の挨拶は、田中さんにやってもらいましょうか」
B「田中さんねえ…。いい話をしてくれるとは思うけど、ちょっと話が長くなる（きらいがある）んだよね。」

☞ 「きらいがある」は「傾向がある」の意味だが、主に人物の傾向について述べ、話し手がその傾向をよく思っていない場合に使う。

5 正解：1
冗談（ぬきで）、うちの会社も危ないよ。いつ倒産してもおかしくない。

☞ 「ぬきで」は「本来あるはずのものがない状態で」という意味で使われることが多いが、「冗談抜きで」は「信じられないかもしれないが」というニュアンスで使う慣用表現。

6 正解：4
A「近くて安い温泉旅館に2泊するとしたら、いくらくらいかかる？」
B「そうだなあ。往復の交通費も含めて、だいたい2万円って（ところ）かな。」

☞ 「って」が「という」「といった」と同じ意味で使われていることに気づくのがポイント。

7 正解：4
この帽子、色（といい）、形（といい）、私の好みにぴったり。

8 正解：2
「監督、1か月くらい入院するかもしれないんだって。」
「そうか…。練習しろ、練習しろってうるさいけど、（いなきゃいないで）寂しいよね。」

☞ 「いなきゃ」は「いなければ」の口頭表現。

9 正解：2
A「あの言葉の意味、わかった？」
B「いや。いろいろ（調べまくったけど）、結局、よくわからなかった。」

☞ 「動詞＋まくる」で「ものすごく～する」の意味になる。

10 正解：2
A「彼はいつも社長の機嫌とりばかりして、嫌な感じ。気に入られようと必死なのね」
B「そうだね。ぼくなんか、（そこまでして）出世したいと思わないな」

☞ 「そこまでして」の「そこ」は相手の話に出てきた話題を指す。「そんなに頑張るほどの気持ちがない」というときに使う。

📖 ことばと表現
□ 機嫌とり：気に入られようと、相手が喜ぶようなことを言ったりしたりすること。
□ 必死：一生懸命なこと。

模擬試験　解答・解説

問題6

1 正解：1

昨日は夜、部屋に戻ってびっくりしました。2かぎを かけて 4出た 1つもり 3だったけど かけていなかったんです。

☞「たつもり」は「本当はしていないけれど、したと思っている」こと。

2 正解：1

消防隊員は、4激しく 3燃え上がる 1炎を 2ものともせず 懸命に救助活動を続けた。

📖 ことばと表現
□ 懸命に：一生懸命。

3 正解：4

彼女の 3繊細な歌声と 1ギターの 4柔らかい響き 2があいまって、優しく語りかけるようなサウンドとなっている。

📖 ことばと表現
□ 響き：sound, reverberation ／响，混响／ âm thanh, sự chiếu lại

4 正解：2

彼はいつもあんな調子で、1いくら 2説明しても 3聞いた 4そばから 忘れてしまうんです。

5 正解：2

いろいろ言うのも、4あなたの 3ことを 2思えば 1こそ なんだから、そんなに怒らないで。

☞「〜ばこそ」は「〜からこそ」と意味は同じ。

問題7

1 正解：1

☞「〜に違いない」は「たぶん〜だろう」という推量の表現だが、確信の度合いが高い。直前の「専門家でない限り」がヒントになっている。「専門家は違うかもしれないが一般の人は…」という意味。「〜にあたらない」は「〜する必要がない、該当しない」の意味。「〜に限らない」は名詞に接続する。「〜にしのびない」は「悲惨で〜できない」の意味。

2 正解：4

☞ 前の段落が日本の話。この段落が始まってすぐ、「所変われば品変わる」は「場所によって風俗や習慣が異なる」という慣用句。「なるほど」は前の事柄を認めて納得する表現。「たとえ」は「ても」とセットで使われ、「たとえ〜ても」で仮定表現を表す。「そのうえ」は前の事柄に情報を加えるときに使う。すぐ後に「ヨーロッパでは」と対比の表現もあるので、前の内容の流れでそのまま続かないことがわかる。

3 正解：4

☞ 直前の「確かに」は「そのとおり」という意味。「魚味が売れていると聞く」→「調べてみたら」に続くので、aは「魚」。「肉」は話題に上っていない。「ないわけではない」は「あるけれど、そんなに多くはない」という意味。

4 正解：1

☞ 直前に「飼い主が」とあるので「ネコに」→「飼い主がネコに」につながると考える。また、ネコが勝手に食べているのではなく、「飼い主の思い込みで」とあるので、飼い主の意思が関係している。

5 正解：3

☞「あまり」は「ない」などの否定表現と結びつく。文末の「〜ではないか」は否定ではなく、読み手に対する筆者の主張の投げかけの表現。

📖 ことばと表現
□ テーマソング：番組や作品のために使われる主な歌。主題歌。
□ 教材：teaching material ／教材／ tài liệu giảng dạy
□ 刷り込まれている：習慣や生活環境の中で、ある事柄を事実として覚え込まれている（そういうものだと思い込んでいる状態）。
□ 肉食：食べるものの中心が肉であること。
□ 上位：上のほうの順位。
□ 警告を発する：issue a warning ／发出警告／ đưa ra cảnh báo
□ かと思えば：そうなのかと納得したが（その一方で）。
□ 好物：好きな物。特に食べ物や飲み物。
□ 何事も：どんなことも。

3

試験に出る言葉

日本語能力試験の文法問題に出る可能性の高い語を集めました。
試験の前にチェックしておきましょう。

● 文型

- □ ～あまり
- □ ～如何で（は）
- □ ～以上は
- □ ～一方だ
- □ ～上で
- □ ～うちに
- □ ～（よ）うと／～（よ）うが
- □ ～（よ）うと～まいと
- □ ～うにも～ない
- □ ～得る
- □ ～得ない
- □ ～かいがある
- □ ～か否か
- □ ～が欠かせない
- □ ～がかかっている
- □ ～限りだ
- □ ～が最後
- □ ～がたい
- □ ～かたがた
- □ ～かたわら
- □ ～がち
- □ ～がてら
- □ ～かというと
- □ ～かと思うと
- □ ～かないかのうちに
- □ ～かねない
- □ ～かねる
- □ ～かのように
- □ ～が早いか
- □ ～がゆえに
- □ ～からある
- □ ～からして

- □ ～からすると
- □ ～からというもの
- □ ～からといって
- □ ～からなる
- □ ～からには
- □ ～兆しがある
- □ ～気味
- □ ～きらいがある
- □ ～きる
- □ ～きれない
- □ ～極まりない
- □ ～極まる
- □ ～こそ
- □ ～ごとき
- □ ～ことだ
- □ ～ことだから
- □ ～こととて
- □ ～ことなく
- □ ～ことなしに
- □ ～ことになっている
- □ ～ことにならない
- □ ～ことはない
- □ ～さえ～ない
- □ ～ざるを得ない
- □ ～しかない
- □ ～しかるべきだ
- □ ～次第
- □ ～してまで
- □ ～始末だ
- □ ～末に
- □ ～ずくめ
- □ ～ずじまい
- □ ～ずにすむ

- □ ～ずにはいられない
- □ ～ずにはおかない
- □ ～ずにはすまない
- □ ～すら～ない
- □ ～そばから
- □ ～そびれる
- □ ～たあげく
- □ ～た上
- □ ～たきり
- □ ～だけあって
- □ ～だけに
- □ ～た末に
- □ ～たそばから
- □ ～だったら
- □ ～だって
- □ ～たところで
- □ ～だの～だの
- □ ～たりとも
- □ ～たる
- □ ～ついでに
- □ ～っこない
- □ ～ったらない
- □ ～つつ
- □ ～つつある
- □ ～っぱなし
- □ ～っぽい
- □ ～であれ
- □ ～てからというもの
- □ ～てたまらない
- □ ～でなくてなんだろう
- □ ～でならない
- □ ～てはいられない
- □ ～てはおかない

- ☐ 〜てばかりいる
- ☐ 〜てはじめて
- ☐ 〜ではすまない
- ☐ 〜手前
- ☐ 〜てまで
- ☐ 〜てやまない
- ☐ 〜てやまない
- ☐ 〜と相まって
- ☐ 〜とあって
- ☐ 〜といい〜といい
- ☐ 〜というか〜というか
- ☐ 〜というものではない
- ☐ 〜といえども
- ☐ 〜と言えば
- ☐ 〜といったところだ
- ☐ 〜といったら
- ☐ 〜といって差し支えない
- ☐ 〜と言わんばかりだ
- ☐ 〜と思いきや
- ☐ 〜と思いつつ
- ☐ 〜通りだ
- ☐ 〜ときたら
- ☐ 〜ところ
- ☐ 〜どころか
- ☐ 〜ところがある
- ☐ 〜ところだ
- ☐ 〜どころではない
- ☐ 〜ところを
- ☐ 〜としたら
- ☐ 〜として
- ☐ 〜としては
- ☐ 〜とすると
- ☐ 〜とて
- ☐ 〜と同時に
- ☐ 〜とともに
- ☐ 〜となると
- ☐ 〜とは
- ☐ 〜とはいえ
- ☐ 〜とばかりに
- ☐ 〜とみるや
- ☐ 〜とも〜とも

- ☐ 〜とも限らない
- ☐ 〜ともすれば
- ☐ 〜ともなく
- ☐ 〜ともなしに
- ☐ 〜ともなると
- ☐ 〜ともなれば
- ☐ 〜ないことには
- ☐ 〜ないで
- ☐ 〜ないではいられない
- ☐ 〜ないではおかない
- ☐ 〜ないまでも
- ☐ 〜ながら/ながらに/ながらも
- ☐ 〜なくして
- ☐ 〜なくて
- ☐ 〜なくもない
- ☐ 〜なしに
- ☐ 〜ならいざ知らず
- ☐ 〜ならでは
- ☐ 〜ならまだしも
- ☐ 〜なりに
- ☐ 〜なりの
- ☐ 〜にあたって
- ☐ 〜にあたらない
- ☐ 〜にあたる
- ☐ 〜にあって
- ☐ 〜にあるまじきことだ
- ☐ 〜にいたっては
- ☐ 〜に応じて
- ☐ 〜に及ばない
- ☐ 〜に及んで
- ☐ 〜にかかわらず
- ☐ 〜に限って
- ☐ 〜に限らず
- ☐ 〜に限り
- ☐ 〜に限る
- ☐ 〜にかけては
- ☐ 〜にかたくない
- ☐ 〜にかなっている
- ☐ 〜にからんで
- ☐ 〜に関して
- ☐ 〜に加え

- ☐ 〜に越したことはない
- ☐ 〜に際して
- ☐ 〜に先立って
- ☐ 〜にしたがい
- ☐ 〜にして
- ☐ 〜にしては
- ☐ 〜にしても
- ☐ 〜にしろ
- ☐ 〜に過ぎない
- ☐ 〜にせよ
- ☐ 〜に相違ない
- ☐ 〜に即して
- ☐ 〜に沿って
- ☐ 〜に対して
- ☐ 〜にたえない
- ☐ 〜にたえる
- ☐ 〜に達する
- ☐ 〜にたる
- ☐ 〜に違いない
- ☐ 〜につき
- ☐ 〜につけ
- ☐ 〜につれて
- ☐ 〜にとって
- ☐ 〜にとどまらず
- ☐ 〜にのっとって
- ☐ 〜にのぼる
- ☐ 〜にはあたらない
- ☐ 〜には及ばない
- ☐ 〜に反して
- ☐ 〜にひきかえ
- ☐ 〜にほかならない
- ☐ 〜にもかかわらず
- ☐ 〜に基づいて
- ☐ 〜にもまして
- ☐ 〜によって
- ☐ 〜によっては
- ☐ 〜により
- ☐ 〜による
- ☐ 〜によると
- ☐ 〜にわたって
- ☐ 〜ぬきに（は）

- ☐ 〜のあまり
- ☐ 〜のおかげで
- ☐ 〜のごとく
- ☐ 〜の末(すえ)
- ☐ 〜のせいで
- ☐ 〜のみならず
- ☐ 〜のもと
- ☐ 〜はおろか
- ☐ 〜ばかりか
- ☐ 〜ばかりだ
- ☐ 〜ばかりに
- ☐ 〜ばこそ
- ☐ 〜はずがない
- ☐ 〜はずだ
- ☐ 〜はどうあれ
- ☐ 〜はまだしも(のこと)
- ☐ 〜はもとより
- ☐ 〜反面(はんめん)
- ☐ 〜べからず
- ☐ 〜べきだ
- ☐ 〜べきではない
- ☐ 〜べく
- ☐ 〜ほど〜ない
- ☐ 〜ほどだ
- ☐ 〜ほどではない
- ☐ 〜まい
- ☐ 〜まくる
- ☐ 〜まじき
- ☐ 〜までだ
- ☐ 〜までもない
- ☐ 〜まま
- ☐ 〜ままに
- ☐ 〜まみれ
- ☐ 〜めく
- ☐ 〜も相(あい)まって
- ☐ 〜もかえりみず
- ☐ 〜もかまわず
- ☐ 〜もさることながら
- ☐ 〜ものか
- ☐ 〜ものがある
- ☐ 〜ものだ

- ☐ 〜もので
- ☐ 〜ものでもない
- ☐ 〜ものなら
- ☐ 〜ものの
- ☐ 〜ものを
- ☐ 〜や否(いな)や
- ☐ 〜やらないものでもない
- ☐ 〜ゆえに
- ☐ 〜ようがない
- ☐ 〜ようでは
- ☐ 〜(よ)うと／〜(よ)うが
- ☐ 〜(よ)うと〜まいと
- ☐ 〜ようもない
- ☐ 〜よりほかない
- ☐ 〜わけがない
- ☐ 〜わけではない
- ☐ 〜わけでもない
- ☐ 〜わけにはいかない
- ☐ 〜割(わり)には
- ☐ 〜をおいて
- ☐ 〜をかえりみず
- ☐ 〜を限(かぎ)りに
- ☐ 〜を皮切(かわき)りに
- ☐ 〜をきっかけに
- ☐ 〜を禁(きん)じ得ない
- ☐ 〜を契機(けいき)に
- ☐ 〜をこめて
- ☐ 〜をたよりに
- ☐ 〜を通(つう)じて
- ☐ 〜を通(とお)して
- ☐ 〜を問(と)わず
- ☐ 〜を抜(ぬ)きにして
- ☐ 〜をひかえ
- ☐ 〜を踏(ふ)まえて
- ☐ 〜を経(へ)て
- ☐ 〜をめぐって
- ☐ 〜をもって
- ☐ 〜をもとに
- ☐ 〜をものともせず
- ☐ 〜を余儀(よぎ)なくされる
- ☐ 〜をよそに

- ☐ 〜んがため
- ☐ 〜んばかりだ

●助詞(じょし)（複合助詞(ふくごうじょし)など）
- ☐ 〜かと
- ☐ 〜かな
- ☐ 〜こそ
- ☐ 〜さへ(も)
- ☐ 〜じゃないか
- ☐ 〜つつ
- ☐ 〜でさえ
- ☐ 〜とは
- ☐ 〜とも
- ☐ 〜にて
- ☐ 〜には
- ☐ 〜にも
- ☐ 〜のか
- ☐ 〜のは
- ☐ 〜のを
- ☐ 〜へは
- ☐ 〜よね

●副詞(ふくし)
- ☐ あっという間(ま)に
- ☐ あらかじめ
- ☐ いきなり
- ☐ いくぶん
- ☐ 一概(いちがい)に
- ☐ 一切(いっさい)
- ☐ いっそう
- ☐ おおむね
- ☐ おそらく
- ☐ かすかに
- ☐ 必(かなら)ずしも〜ない
- ☐ かなり
- ☐ きわめて
- ☐ 決(けっ)して〜ない
- ☐ ごく
- ☐ さぞ
- ☐ さっぱり〜ない
- ☐ しばしば

- □ しばらく
- □ ずいぶん
- □ 少しも〜ない
- □ すっかり
- □ すでに
- □ せいぜい
- □ そのうち
- □ それほど
- □ たいして〜ない
- □ だいぶ（ん）
- □ 確かに
- □ ただ
- □ 直ちに
- □ たとえ〜ても
- □ たびたび
- □ たまに
- □ ちっとも〜ない
- □ つい
- □ ついに
- □ どうか
- □ とうてい
- □ とうとう
- □ とても〜ない
- □ なお
- □ なかなか〜ない
- □ はっきり（と）
- □ はるか（に）
- □ ひたすら
- □ ひょっとしたら
- □ まさか
- □ まさに
- □ ますます
- □ まるで
- □ 万一〜たら / ても
- □ めったに〜ない
- □ もしかしたら
- □ もっとも
- □ やがて
- □ やはり
- □ やや
- □ ろくに〜ない
- □ わざわざ
- □ わずか（に）

● 接続詞

- □ あるいは
- □ 一方
- □ おまけに
- □ および
- □ かつ
- □ 逆に
- □ さて
- □ しかも
- □ したがって
- □ すなわち
- □ そこで
- □ そのうえ
- □ そのため
- □ それでは
- □ それとも
- □ （それ）なのに
- □ それなら
- □ （それ）にしては
- □ （それ）にしても
- □ （それ）にもかかわらず
- □ （だ）からといって
- □ ただし
- □ だって
- □ ちなみに
- □ つまり
- □ では
- □ （とはいう）ものの
- □ というのは
- □ ところが
- □ なお
- □ （それ）なのに
- □ ならびに
- □ （それ）にしては
- □ （それ）にしても
- □ （それ）にもかかわらず
- □ 反対に
- □ また
- □ または
- □ もしくは
- □ もっとも
- □ 要するに

● 敬語

- □ いたします
- □ いらっしゃいます
- □ 伺います
- □ 承ります
- □ おかけになります
- □ お越しになります
- □ おっしゃいます
- □ お亡くなりになります
- □ お引き受けします
- □ お目覚めになります
- □ お召しになります
- □ お目にかかります
- □ お求めになります
- □ お休みになります
- □ おります
- □ ご存じです
- □ ご覧になります
- □ 差し上げます
- □ 存じています
- □ なさいます
- □ 拝見します
- □ 参ります
- □ 召し上がります
- □ 申します
- □ 求めます

日本語能力試験 模擬試験 解答用紙
N1 文法

名前 Name

〈ちゅうい Notes〉

1. くろいえんぴつ (HB, No.2) でかいてください。
 (ペンやボールペンではかかないでください)
 Use a black medium soft (HB or No.2) pencil.
 (Do not use any kind of pen.)
2. かきなおすときは、けしゴムできれいにけしてください。
 Erase any unintended marks completely.
3. きたなくしたり、おったりしないでください。
 Do not soil or bend this sheet.
4. マークれい Marking examples

よいれい Correct Example	わるいれい Incorrect Examples
●	⊘ ⊙ ⊕ ○ ◑ ◐

問題 5

1	①	②	③	④
2	①	②	③	④
3	①	②	③	④
4	①	②	③	④
5	①	②	③	④
6	①	②	③	④
7	①	②	③	④
8	①	②	③	④
9	①	②	③	④
10	①	②	③	④

問題 6

1	①	②	③	④
2	①	②	③	④
3	①	②	③	④
4	①	②	③	④
5	①	②	③	④

問題 7

1	①	②	③	④
2	①	②	③	④
3	①	②	③	④
4	①	②	③	④
5	①	②	③	④